POSMACHO
ALFA

POSMACHO ALFA

Arquetipos de valor para hombres de otra era

NICKO NOGUÉS

Grijalbo

El papel utilizado para la impresión de este libro ha sido fabricado a partir de madera
procedente de bosques y plantaciones gestionadas con los más altos estándares ambientales,
garantizando una explotación de los recursos sostenible con el medio ambiente
y beneficiosa para las personas.

Penguin
Random House
Grupo Editorial

Posmacho alfa
Arquetipos de valor para hombres de otra era

Primera edición: enero, 2025

D. R. © 2025, Nicko Nogués

D. R. © 2025, derechos de edición mundiales en lengua castellana:
Penguin Random House Grupo Editorial, S. A. de C. V.
Blvd. Miguel de Cervantes Saavedra núm. 301, 1er piso,
colonia Granada, alcaldía Miguel Hidalgo, C. P. 11520,
Ciudad de México

penguinlibros.com

D. R. © 2024, Mariana Alfaro, por las ilustraciones de interiores

ISBN: 978-607-385-307-1

Impreso en México – *Printed in Mexico*

Índice

Introducción

Lo ves por todas partes: la idea de masculinidad predominante está en crisis, y lo que significa ser hombre, en completa redefinición.

Como todo lo que existe, las ideas también atraviesan procesos de creación, conservación y, finalmente, destrucción o transformación, etapas que posibilitan que lo que se creó en un inicio se transforme y dé lugar a algo nuevo que reinicie ese ciclo.

Así, la idea de masculinidad predominante que empezó a forjarse hace miles de años en la transición entre el Paleolítico y el Neolítico, y que se sostiene hasta la actualidad, está en una etapa de crisis y destrucción necesaria que volverá a reiniciar su ciclo de significado, lo que posibilitará la creación de otras formas de entendimiento de la masculinidad, tal vez alejadas de la hegemonía de una idea todavía dominante, bajo la que hemos concebido las formas de ver y relacionarnos con el mundo.

Eso que llamamos historia de la humanidad es en realidad un cínico eufemismo para encubrir lo que con un poco de observación resulta bastante obvio: la historia del hombre, entiéndase del género masculino. En esencia, la religión, la ciencia, la política, la economía y la educación, como paradigmas que forman nuestros marcos de realidad, han sido creados, narrados y protagonizados desde una visión eminentemente androncentrista.

A su vez, este mundo en que vivimos se ha desarrollado con base en una narrativa de la masculinidad construida a partir de un entendimiento rígido sobre lo que significa ser hombre. Una idea inflexible y hermética compuesta por un conjunto de características aceptadas por millones de hombres, pero no necesariamente elegidas por cada uno de ellos, que determina y predestina la forma en que estos deben comportarse si quieren pertenecer al género masculino y ser considerados hombres de verdad.

Bajo esta premisa, la idea predominante de masculinidad sirve como mecanismo de pertenencia para todos aquellos varones que, por la razón que sea, no la cuestionan. Al mismo tiempo es también una limitante y un obstáculo para el varón que se atreve a retarla, porque esta idea se presenta y establece como el único marco permisible y válido para desarrollarnos como hombres, excluyendo cualquier otro imaginario o experiencia distinta de masculinidad que se manifieste fuera de sus parámetros.

Se trata, pues, de un ideal normativo que ha calado en la sociedad y ha establecido mandatos estrictos de obligado cumplimiento para ser considerado "un hombre de verdad", y que desdibuja por completo la dimensión individual de cada hombre, porque anula la posibilidad de una vivencia personal y única de vivir una experiencia masculina en los términos y condiciones que cada varón elija.

Masculinidad hegemónica: ¿arquetipo o estereotipo?

Los arquetipos trascienden el tiempo y resuenan en las paredes de las cuevas, donde las pinturas rupestres esbozan figuras simbólicas de otros tiempos. También podemos verlos en los ritos de cualquier cosmovisión, en las ceremonias funerarias ancestrales que honran la vida y la muerte, e incluso en las cartas del tarot, donde los arcanos mayores representan de manera figurativa arquetipos simbólicos y atemporales de nuestras potencias y procesos vitales como seres humanos.

Durante su estudio de las mitologías universales, Carl Jung descubrió que, independientemente de dónde provengan las culturas que pueblan nuestro planeta, todas las leyendas que se derivan de ellas comparten ciertos arquetipos o rasgos comunes, los cuales ejercen un poderoso atractivo universal.

Para Jung, estos arquetipos son patrones de conducta que provienen del inconsciente colectivo, se heredan de generación en generación y no dependen de la cultura o la sociedad en que vivimos. Al trascender a lo largo de la historia, fusionándose de manera intrínseca con la cultura humana desde los albores de nuestra civilización, los arquetipos se consideran pilares fundamentales y modelos universales que nos abren direcciones para entender mejor nuestras posibles funciones y roles en las distintas áreas de nuestra vida.

En contraposición a los arquetipos, los estereotipos nos encasillan dentro de moldes rígidos e inamovibles que varían según la cultura, la sociedad o el periodo histórico en los que se enmarcan, y representan lugares comunes que no son universales. Los estereotipos son esas etiquetas que les colocamos a determinadas personas en función del grupo o colectivo al que percibimos que pertenecen.

Desde el cazador hasta el héroe, pasando por el verdugo, el salvador, el guerrero, el papa, el sabio, el líder o el mago; son muchos los arquetipos en los que pudo haber abrevado la masculinidad hegemónica para consolidar su predominancia. Una forma de entender el ser hombre que, a pesar de que tiende a universalizarse, no llega a conformarse como arquetipo porque este tipo de masculinidad es solo una de las múltiples y posibles formas de entender la idea de masculinidad.

Es decir, la masculinidad, como idea, no es atemporal ni proviene del inconsciente colectivo porque no es fija, inmutable o absoluta,[1] sino que cambia según la cultura, la época, el contexto o el momento biográfico de cada varón.[2]

1 E. Badinter, *XY La identidad masculina*, Alianza, 1993, p. 26.
2 Kimmel, citado en T. Valdés y J. Olavarría, J. (eds.), *Masculinidad/es*, Flacso, 1997, p. 49.

Es por eso por lo que la masculinidad hegemónica es un estereotipo. Porque se enmarca dentro de una cultura —la machista— constituida a partir de una visión androcentrista del mundo que ha permitido la acumulación de poder del género masculino sobre el femenino, en un momento concreto de la historia de la humanidad.

En definitiva, cuando un determinado tipo de masculinidad se vuelve hegemónico y se erige como única forma válida, fija y dominante de representación de todo el colectivo masculino, se torna en un estereotipo porque se convierte en una generalización asociada a un grupo, en este caso los hombres, del cual se presupone que todos somos iguales y tenemos características inamovibles.[3]

A lo largo de la historia de la humanidad, este estereotipo de masculinidad asociado a la fortaleza, el dominio, el poder y el control nos ha dado ventajas respecto a todo lo considerado como débil y femenino, abusando o sacando partido de aquello que osa desafiar sus parámetros y estableciendo una serie de relaciones asimétricas y desiguales de superioridad, dominación y opresión hacia otras identidades y hacia las masculinidades no normativas. A su vez, este estereotipo de masculinidad plantea una relación entre varones basada en la competitividad y la rivalidad por el poder, la riqueza o la conquista y la posesión de mujeres, objetos y territorios.

---

3 M. Pastrana y A. del Río, "El mandato de la masculinidad tradicional a través de las prácticas artísticas y visuales en la actualidad", *Universum*, vol. 37, núm. 1, 2022.

Hoy en día, seguir pegados a esa visión estereotipada de la masculinidad ya no es funcional porque, como hombres y sociedades, vivir desde esa experiencia de masculinidad predominante nos está dando más problemas que ventajas.

Échale un vistazo a la historia y verás un patrón de masculinidad hegemónica detrás de cada guerra y de cada abuso a hombres, mujeres, niñas y niños que encuentres.

Masculinidad hegemónica y hombres de bajo valor

La masculinidad solo es una idea. Y, como tal, hay tantas posibilidades de expresar la masculinidad como hombres hay en el mundo. Si la población masculina es la mitad de la población, y esto significa que aproximadamente somos 4 000 millones de hombres, entonces hay 4 000 millones de posibles ideas sobre la masculinidad o, lo que es lo mismo, 4 000 millones de potenciales masculinidades.

Visto así, seguir pensando que solo hay una única manera de ser hombres no solo es disfuncional, sino contraproducente, porque cortarnos a todos por el mismo patrón nos desvaloriza como hombres.

Hoy en día, son muchos los pseudogurús que inundan los espacios digitales dando recomendaciones a hombres jóvenes y no tan jóvenes, a quienes prometen convertirlos en hombres de "alto valor", exitosos donjuanes conquistadores de mujeres.

Tal vez quienes siguen estas "enseñanzas" se pudiesen preguntar qué pasa con su valor en aquellas situaciones o momentos de la vida en los que sus relaciones y su economía se ponen difíciles. ¿Se pone en duda su valor? ¿Significa entonces que nunca lo tuvieron? ¿Será que de repente lo perdieron y por ende el valor es algo asociado a la suerte? ¿O quizá es que, si pones el valor en las cosas que tienes y no en ti, cuando dejas de tenerlas, ese valor se esfuma junto con todo aquello que te hacía sentir valioso?

Como ya sabían las grandes cosmovisiones de la humanidad, convendría recordarles tanto a quienes enseñan a otros hombres a ser "hombres de alto valor" como a todos aquellos que los siguen que el valor nunca estuvo fuera de nosotros ni lo estará, porque está directamente relacionado con lo más valioso que tenemos: nuestro tiempo de vida.

Para las grandes civilizaciones de nuestra era, el tiempo es, sin lugar a dudas, la moneda de intercambio más preciada que cada uno de nosotros tenemos, porque es un recurso intercambiable limitado y no recuperable.

Lo sabe bien la industria tecnológica, que hoy en día es la gran especialista en capitalizar tu atención y la mía, a través de toda una serie de productos diseñados y desarrollados para atraer, obtener y sostener tu mirada, con el objetivo de mantenerte el máximo tiempo posible conectado a sus productos y servicios, pues saben que el tiempo que les dedicas tiene un valor incalculable y es un negocio multimillonario (conocido como economía de la atención).

El abogado estadounidense Tim Wu, especialista en la neutralidad de internet y autor de *The Attention Mer-*

chants: The Epic Scramble to Get Inside Our Heads, observó este fenómeno cuando trabajaba en Silicon Valley. Para Wu, el gran negocio de hoy consiste en competir por la atención de los usuarios y lidiar con el hecho de que como humanos tenemos una capacidad de atención limitada, puesto que nuestro tiempo también es limitado.

Hoy en día, esto aplica no solo al sector tecnológico, sino a prácticamente cualquier industria: todas ellas están compitiendo por capitalizar al máximo nuestra atención, es decir, nuestro tiempo, y así generar rentabilidad.

En esta era de economía de la atención, la sabiduría ancestral nos recuerda que valoras todo aquello a lo que le regalas tu tiempo en forma de atención. Por eso el primer paso para ser hombres —o simplemente personas— de valor es ser capaces de identificar a qué le estamos destinando nuestro tiempo y, por lo tanto, otorgando el valor en nuestra vida.

En función de dónde vivas, tu promedio de vida rondará entre los 75 y 85 años. Réstale la edad que tengas al momento de leer estas líneas y esa es la cantidad de tiempo de la que ahora mismo dispones. Ahora revisa el tiempo que inviertes, ya sea consciente o inconscientemente, en las distintas actividades que llevas a cabo y en las personas que te rodean, y entenderás la cantidad de atención que les dedicas.

Tu valor radica en tu capacidad de darte cuenta de aquello en lo que inviertes tu atención, con qué cantidad de tiempo la estás pagando y de qué forma la estás capitalizando. Cuando hagas el balance, comprenderás inmediatamente qué tanto valor tienes. Tu valor real como hombre —o como persona— se determina por dónde inviertes tu atención, por las ganancias concretas y sostenidas que te da esa inversión y que te permiten atender las distintas áreas de tu vida y avanzar en los diferentes desafíos que se te puedan presentar.

Tener valor es saber que lo perdemos cada vez que no nos damos cuenta de a qué le regalamos nuestra atención y le damos nuestro tiempo, dilapidando el recurso intercambiable más limitado y no recuperable que tenemos. Por eso ser un hombre —o una persona— de alto valor implica ser dueños de nuestra atención y elegir de manera consciente y voluntaria a qué le otorgamos nuestro tiempo y con quién lo compartimos; esto es una inversión que marcará la diferencia en el resultado de nuestra vida.

Quienes prometen a otros hombres que se convertirán en "hombres de alto valor" siguiendo a rajatabla los mandatos de la masculinidad hegemónica, lo único que siguen reforzando es un estereotipo de masculinidad que no ofrece valor alguno. Conforman así una bella y triste paradoja entre millones de hombres que en realidad son el mismo tipo de hombre, tratando de competir con supuestas cualidades que también son idénticas, en aras de alcanzar las mismas cosas para conquistar al mismo tipo de mujer.

Millones de hombres buscan hacerse de valor, pero en realidad no lo tienen porque invierten su tiempo y su vida en perseguir una idea de masculinidad que los desvaloriza y no les permite ver que, como en toda plaza, en el mercado del ligue que los pseudogurús les prometen dominar, cuando ofreces más de lo mismo no tienes valor alguno.

Movimientos como el #MeToo y similares dejaron en evidencia lo bajo que estaba la vara de la masculinidad y la poca utilidad que tiene seguir entendiéndola así. Por eso hoy más que nunca el valor no reside en alcanzar lo que imponga el estereotipo de masculinidad hegemónica, sino en conquistar tu propia idea de masculinidad.

Del "hombre de alto valor" a hombres que se valoran

Necesitamos crear nuevas narrativas formadas por nuevas historias que devengan en nuevas realidades en las que los hombres seamos parte del mundo y no el centro de él.

Este cometido pasa necesariamente por imaginar nuevos arquetipos que complementen y expandan la potencia de los que ya existen desde tiempos inmemorables, para ayudarnos a dejar atrás el estereotipo de masculinidad hegemónica y desvalorizante.

Como hemos visto hasta aquí, la historia de la humanidad es en realidad la historia del género masculino, de la misma forma en que la idea que tienes en tu cabeza sobre ser hombre es en realidad la historia de la masculinidad hegemónica. Una masculinidad estereotipada que, ya vimos, no es más que una de las muchas posibilidades de ser hombre que pueden existir y que se sigue autodefiniendo por oposición a la feminidad y a la homosexualidad, ocultando cualquier comportamiento o actitud que pudiesen etiquetarla como "poco masculina".

Esta es una idea de masculinidad desarrollada desde la negación como mecanismo de homogeneización desvalorizante. Una masculinidad limitada y limitante, narrada en contraposición a todo aquello que "hacen las mujeres" y, por lo tanto, construida con base en lo que se supone que *no* puedes ser o hacer si eres hombre: llorar, dudar, mostrarte vulnerable, pedir ayuda, ser débil, ser niña…

Por eso uno de los mayores retos a los que nos enfrentamos hoy los varones es el de empezar a definir nuestra masculinidad a partir de lo que *sí* queremos que sea, en lugar de seguir viviéndola desde todo aquello que se supone que *no* podemos permitirnos ser.

Es hora de empezar a contarnos una historia distinta de la masculinidad, que potencie nuevas narrativas en las que dejemos de hablar de "la masculinidad", en singular, desde la negación y la desvalorización, y darles un lugar al valor y a la potencialidad que tiene reconocer que existen múltiples formas de expresar las masculinidades.

Narrativas expansivas y plurales que nazcan de todo lo que podemos elegir conscientemente ser o hacer como hombres, no desde aquello que seguimos repitiendo que no somos o imitando de otros para intentar validarnos a nosotros mismos.

Porque si la masculinidad actual está construida desde el referente estereotipado de la masculinidad hegemónica, que gira en torno a todo lo que se supone que *no* es un hombre (y a muchos nos queda claro que esta forma de entenderla ya no nos sirve), entonces ser hombre pasa por *sí* permitirnos poner nuestro tiempo y atención en expandir los límites de nuestra propia identidad y entender que las fronteras de nuestra masculinidad —la de cada uno— empiezan donde nuestra imaginación termina.

En este libro encontrarás ocho arquetipos construidos a partir de combinaciones que tal vez no habías imaginado. Ocho ensayos breves que se practican y que puedes leer en el orden y la dirección que tú quieras, porque, al igual que con la historia de tu masculinidad, eres tú quien decide por dónde transitarla.

Deseo que cada uno de estos ocho arquetipos que he formulado para ti te ayuden a traer de regreso todo el valor que alguna vez pusiste fuera, en una idea de masculinidad que probablemente no elegiste, y que te habiliten distintas capacidades que te permitan construir una masculinidad en tus propios términos, pensada desde el cuidado, la conexión con la naturaleza, el valor, el amor, la redefinición de la fortaleza, los afectos, el bienestar emocional y la amplitud de perspectiva.

Para empezar a activar en ti cada uno de los arquetipos que te propongo en este libro, al final de cada capítulo te plantearé dos acciones: una *necesaria* y otra *superior*, que te recomiendo emprender con el objetivo de poner a dialogar y convencer a tu mente consciente e inconsciente y que ninguna parte de ti te sabotee.

Las acciones *superiores*, lejos de ser innecesarias, son ejercicios que, al hacerlos de forma consciente, te abrirán un espacio mental que no tenías habilitado, y que tu inconsciente empezará a validar. A su vez, esto te permitirá empezar nuevos procesos, conexiones y posibilidades de aplicación a tu vida cotidiana.

Te invito a leer este libro como un ritual de iniciación hacia una masculinidad elegida y menos estereotipada, que necesariamente pasa por integrar en cada uno de nosotros capacidades relacionadas con el cuidado y pensábamos que eran opuestas a "ser hombres" o simplemente por crear nuestra propia idea de masculinidad a partir de lo que nuestra imaginación nos permita, pues los límites de nuestra realidad son los límites de aquello que somos capaces de visionar.

1

El hombre-escoba

Capacidad que habilita:
Cuidar el orden

Narrativa estereotipada que transforma:
"No seas mandilón"

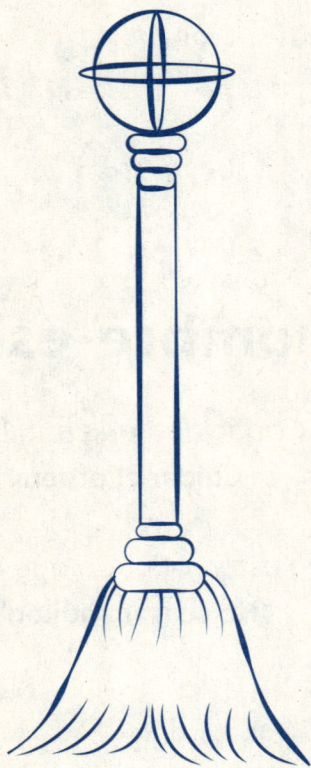

Pasamos del Paleolítico al Neolítico; dejamos atrás las grandes civilizaciones, la Revolución Industrial, dos guerras mundiales o casi tres; llegamos a la Luna; inauguramos el siglo XXI; ahora atravesamos una revolución de los derechos socioambientales y vivimos en plena devoción y expansión tecnológica, a pesar de que muchos pensábamos que en este siglo ya iríamos en coches voladores. Pero lo que realmente hoy mueve a las masas es TikTok.

Han pasado más de 8 000 años de "evolución humana" desde esa transición paleolítica y, sin embargo, los hombres seguimos pensando, diciendo o escuchando frases que aseguran o insinúan que las labores del cuidado del hogar son una especie de "superpoder" con el que nacen las mujeres.

Ocho milenios no han bastado para dejar de pensar que lo nuestro es cazar y lo de ellas cuidar "por naturaleza". Cuestionar siquiera esa lógica parece poner en duda quiénes somos esencialmente como hombres.

Por eso en este capítulo me he propuesto derrocar este mito, a través de estas páginas te presentaré a la escoba como tu gran *match*, y te contaré por qué es ella, y no el balón, la que nos hará mejores hombres.

Empecemos con un poco de historia.

Los hombres a la calle y las mujeres en casa

Es un hecho histórico que los hombres hemos ocupado y dominado la esfera pública, y hemos relegado a las mujeres al ámbito de lo íntimo y lo privado.

Durante siglos, a ellas no solo se les impidió la participación en las instancias más cercanas del Estado, sino que también se les ha vedado el acceso a la esfera pública, lugar de desarrollo de eso que llamamos sociedad civil.

Si miramos fechas, no fue hasta la Segunda Guerra Mundial cuando inició la incorporación de las mujeres a la esfera pública, y hasta diciembre de 1948 cuando la Declaración de los Derechos Humanos, aprobada por el Consejo General de la Organización de Naciones Unidas, reconoció a los hombres y a las mujeres, a *todas las personas*, como sujetos de derechos fundamentales. Cinco años después, en 1953, el derecho al voto femenino se instauró de manera oficial en México, y en 1955 las mexicanas pudieron participar es sus primeras elecciones.

A nivel mundial, la incorporación de las mujeres al espacio público empieza a ser reconocida a partir de la década de los ochenta, algo que podemos ver en distintos momentos como la Convención sobre la Eliminación de

Todas las Formas de Discriminación contra la Mujer, en 1979; la elección de la primera mujer presidenta en Islandia, en 1980; y la creación del Instituto Nicaragüense de la Mujer, en 1987.

En definitiva, lo que es interesante observar de todo esto es que, mientras que ellas se han ido incorporando de forma progresiva a lo público, no ha ocurrido lo mismo con nosotros y nuestra participación en la esfera más íntima y privada: la casa.

Así, en México, y según cifras del Inegi, los hombres nos involucramos apenas un 24% en las labores del cuidado del hogar, mientras que ellas siguen atendiendo el ámbito privado y específicamente todo lo referido al cuidado de la familia y al mantenimiento de la casa, a excepción del cuidado en términos económicos, que aún suele estar a cargo de los hombres.

Estos datos nos muestran una realidad todavía sostenida por estereotipos de género en la que ellas siguen siendo las encargadas de las labores y el cuidado de la casa y la familia: desempeñan, pues, dobles jornadas laborales sin que el trabajo doméstico esté considerado una labor remunerada, aunque en 2018 representó la cuarta parte del PIB en México.

Por su parte, los varones seguimos pensando que proveer, incluso a costa de nuestra salud física y mental, es cosa de hombres, y en ese empeño seguimos dominando la esfera pública, que es también la remunerada; somos mayoría en varios ámbitos laborales, sobre todo en industrias como la construcción, la banca y la automotriz, que se siguen asociando a figuras masculinas tanto en el in-

consciente colectivo como en una mayor representativi-
dad en los niveles gerenciales.

En definitiva, aunque según el *Informe global sobre la
brecha de género 2023* del Foro Económico Mundial que-
den más de 130 años para cerrar todas las brechas que
existen hoy entre géneros, y todo parece indicar que estamos ante una transición lenta pero constante de repar-
tición de roles y de reequilibrio de poderes, la realidad
nos muestra que aún es más grande la resistencia al cambio que estamos viviendo que la aceptación radicalmen-
te consciente de que ya no hay vuelta atrás.

Los cambios ocurren, pero las transformaciones se dirigen

Eso que llamamos cambio es constante, permanente e infinito. Lo hemos escuchado varias veces, sí, pero en realidad estamos lejos de saberlo, porque cuando sabes algo no
solo lo *entiendes* a nivel lógico, sino que también lo *asimi-
las* y, por tanto, lo vives y pones en práctica.

El cambio siempre está sucediendo, con independen-
cia de nuestra voluntad o inferencia, y aunque no lo no-
temos de manera evidente, también podemos contribuir
a él cuando somos conscientes de que *está ocurriendo* —
ahora mismo, en este instante— y decidimos ser parte de
este de forma consciente, es decir, dirigida. Es allí, al elegir de forma consciente ser partícipes del cambio, cuando estamos ante una *transformación*.

El proceso de cambio que vivimos hoy, a diferencia de
otros momentos históricos más sutiles y difíciles de perci-

bir, es muy tangible y concreto. Por ejemplo, si hablamos de injusticias sociales, no es que "ahora todo sea machismo" y que antes este problema no existiese.

Lo que no había antes eran los movimientos sociales, el *data*, las herramientas, los análisis o la tecnología necesarios para evidenciar, medir y cuestionar un problema que ha existido siempre y ante el cual, apenas desde hace pocos años, estamos aprendiendo a cuestionar, dimensionar y plantear alternativas y posibles soluciones.

Lo vemos, leemos y escuchamos por todas partes: estamos en un contexto de reivindicación de los derechos sociales y medioambientales, porque cada vez hay más personas que no encajan con el modelo jerárquico y dominante bajo el que se sigue ordenado el mundo, una visión de la vida eminentemente patriarcal y androcentrista que, según algunas estimaciones, como las del doctor Claudio Naranjo, lleva operando al menos 7 000 años en eso que llamamos historia de la humanidad, un eufemismo —de nuevo— para referirnos a una historia, la de la especie humana, que en realidad ha sido narrada y protagonizada por nosotros los varones.

Esta "mente patriarcal", denominada así por Naranjo, la podemos identificar de forma concreta al observar cualquiera de los cinco pilares sobre los que se construyeron las grandes civilizaciones de la humanidad.

Me refiero a la política, la religión, la ciencia, la economía y la educación, que, desde hace milenios, han sido narradas y protagonizadas por varones —y más concretamente por un determinado modelo de masculinidad—, poniendo al género masculino como centro de esos cinco pilares y, por lo tanto, en el centro de la vida misma.

No se pueden negar los avances que hemos logrado desde esa visión androcentrista del mundo, tampoco las ventajas que esa visión nos ha dado a los millones de varones que históricamente nos hemos subido a sus hombros para avanzar en la esfera pública y ser los desarrolladores de la historia de la humanidad.

Al mismo tiempo, es imprescindible reconocer también los problemas que esta forma protagónica y androcentrista de entender el mundo —con una mirada hiperracional y segmentada de la vida basada en el sometimiento y el control de todo lo que nos rodea, incluidas personas, otras especies y el medio ambiente— ha ido creando en términos de desigualdades sociales y de colapso ambiental.

Por eso cada vez más escuchamos puntos divergentes que cuestionan y desafían el orden patriarcal que hemos naturalizado como especie humana, a través del cual hemos ordenado a nivel macro eso que llamamos vida.

Todas esas miradas disidentes coinciden en que para hacer frente a los retos que hoy tenemos como sociedades necesitamos incluir puntos de vista y lógicas que planteen alternativas capaces de solucionar los problemas que también enfrentamos como planeta.

Y es allí, en medio de este cambio de mentalidad y de realidad, que como varones tenemos la oportunidad de sumarnos a una transformación cultural que nos exige observar, cuestionar y replantear nuestras decisiones cotidianas. Porque es a través de ellas que o seguimos perpetuando nuestros problemas, o bien nos volvemos capaces de transformar las prácticas nocivas y patrones machistas en hábitos y formas de relacionarnos más sanas para nosotros y nuestros contextos.

A estas alturas del capítulo, tal vez te estés preguntando cómo llevar todo esto a la cotidianidad. Déjame responderte con una pregunta:

¿Qué tan colaborativo eres en tu espacio más privado e íntimo? Me refiero al lugar donde vives, tu espacio, tu casa.

Te invito a hacer el ejercicio. Respóndete mentalmente en este mismo momento y puntúate del 1 al 10, donde 1 es *nada colaborativo* y 10 es *totalmente implicado*. ¿Listo? Hazlo y guarda ese puntaje en tu cabeza antes de avanzar al siguiente párrafo.

A continuación, te propongo que, de las frases que verás ahora, marques aquellas con las que te sientes más identificado y compruebes si realmente ese puntaje que te diste es coherente con tu realidad cotidiana:

- Sé barrer y barro mi casa al menos una vez por semana.
- Me ha tocado y puedo cuidar a las personas adultas mayores de mi familia.
- Me intereso por los posibles problemas de mis hijos/as y estoy presente física y emocionalmente siempre que me necesitan.
- Sé lavar y lavo los baños de casa cada vez que me toca.
- Tiendo la cama por lo menos la mitad de la semana.
- Cocino o lavo los platos diariamente.

- Le pregunto a mi pareja cómo está o cómo estuvo su día de forma habitual.
- Preparo la comida de mis hijos/as o les doy de comer.
- Soy el responsable del perro o de la mascota y atiendo sus necesidades diarias.
- Cuido las plantas de mi hogar como parte de mis labores cotidianas.

Puntaje: _____

Marcaste de 0 a 3 frases. Piensas que ayudas en casa, pero el reto es darte cuenta de que no se trata de "ayudar", porque las labores de la casa nos corresponden a todas las personas que vivimos en ella. En este caso, te recomiendo indagar en dos conceptos clave: *corresponsabilidad* y *correspondencia*. Tranquilo, en un instante hablaremos de ambas.

Marcaste de 4 a 6. Colaboras en lo que consideras que es necesario, aunque es probable que te des cuenta de que en tu casa son otras las personas que se llevan la mayor carga del trabajo. Tu reto consiste en abrirte a conversaciones incómodas, escuchar qué tan satisfechas están las personas de tu hogar con tu participación en esas labores, así como hacerte corresponsable de más actividades.

Marcaste de 7 a 8 frases. La visión que tienes de ti como persona colaboradora y cómo contribuyes en tu hogar es bastante coherente. Tu reto consiste en no bajar la guardia: el machismo nos acecha.

Marcaste de 9 a 10. Asumes la importancia de compartir las labores del cuidado de tu hogar como algo natural que implica el hecho de vivir allí. Enhorabuena. Tu reto es ayudar con tu ejemplo a otros para que se den cuenta de que responder a las necesidades del hogar es cosa de todos los que lo habitan.

La diferencia entre colaborar y ayudar

Cuando decimos que "ayudamos" a alguien en alguna tarea o trabajo, el que sea, inconscientemente damos por hecho que esa labor no es nuestra, y que en todo caso ayudamos a esa persona porque queremos tener un gesto de amabilidad o empatía.

Trasladamos esto al ámbito doméstico. Cuando decimos que no somos machistas porque nosotros "ayudamos en casa", estamos dando por hecho que ese espacio y labor en la que estamos "ayudando" no nos corresponde a nosotros, sino a esa persona a la que decimos que estamos ayudando (normalmente una mujer). Por eso frases como "ayudar en casa" en realidad encierran un sesgo machista.

No es que *ayudemos en casa*, es que nos toca, porque vivir bajo un mismo techo implica colaborar de forma corresponsable y correspondiente en una serie de responsabilidades que atañen a todas las personas que habitan ese espacio.

Ser corresponsables significa que somos capaces de repartirnos equitativamente las responsabilidades, derechos, deberes y oportunidades asociados al ámbito doméstico, la familia y los cuidados. Ser correspondientes significa que entendemos las necesidades de las personas y contextos con los que interactuamos, y que estamos comprometidos a responder a dichas necesidades.

Ser corresponsables y correspondientes suele implicar un cambio de hábitos, porque lo habitual en nuestras sociedades es vivir en culturas ultrapaternalistas donde el Estado se comporta como un padre controlador y severo, tal vez intentando suplir una ausencia paterna que en el penúltimo censo afectaba al 40% de los hogares en México.

Dicho de otra forma, hasta hace poco más de una década, 4 de cada 10 hogares mexicanos carecía de una figura paterna en el país. No existen datos fiables para dimensionar el efecto que esa ausencia puede tener en la crianza, los cuidados y la salud física y mental de esos hijos o hijas.

Seguramente has escuchado que "las madres son las culpables de criar a los hijos machistas porque son ellas las que educan a sus hijos". Sin embargo, frases de este tipo solo reflejan nuestros machismos ocultos, pues, ante la magnitud de la ausencia paterna, millones de madres son las que tienen que desempeñar también roles de padre que no les corresponden, incurriendo en dobles y triples jornadas laborales, entre sus trabajos cotidianos y las labores de cuidado, crianza y hogar.

En definitiva, la casa sigue siendo un espacio eminentemente femenino porque como varones nos rehusamos a entrar allí, y cuando lo hacemos seguimos pensando que "ayudamos", en lugar de asumir que simplemente nos toca porque los tiempos cambiaron y ser hombres también.

Cambiar hábitos que siguen viviendo en nosotros es retador; no obstante, es más fácil que cambiar de la noche a la mañana toda la cultura machista en la que vivimos. Y es que cambiar un hábito suele llevar un mínimo de 21 días, y cambiar una cultura, alrededor de 50 años.

Si queremos transformar esta cultura, nos toca revisitar nuestros propios hábitos cotidianos, algo que podemos hacer desde ya, de forma inmediata y a través de otra simple pregunta: ¿cuántas veces barres a la semana?

Apelando al estereotipo de lo que asociamos a la idea predominante de "ser hombre", y lo alejado que está de una acción como barrer, es probable que agarres poco la escoba o que en el mejor de los casos "ayudes" barriendo alguna vez por semana.

Barras nada, poco o mucho, hay un hombre-escoba dentro de ti que hoy quiero presentarte.

La escoba y tú

La escoba, como metáfora del cuidado y de lo interno, es extrapolable a cualquier actividad que demande un cuidado y una atención en la esfera íntima o privada. Es en esa esfera donde radica nuestra gran oportunidad de evolucionar como hombres. Nuestro gol es llegar a sentirnos totalmente cómodos y hábiles allí, de la misma forma que históricamente nos hemos sentido bien ocupando el espacio público.

Lo que sucede es que seguimos relacionando la idea de ser hombres a cualidades, funciones y roles altamente estereotipados que conforman una caja mental, y todo lo que no cabe en ella se considera ajeno a lo que hemos asumido que debe ser o hacer un hombre; así, nos perdemos una serie de posibilidades y de materia gris creativa para ampliar ese mapa interno o, mejor aún, redefinir por completo sus fronteras.

Regresando a la escoba, a no ser que te dediques profesionalmente a labores de cuidado, tal vez sientas que agarrar una escoba es cruzar valientemente los límites de tu masculinidad.

Pero ¿qué es una escoba?

En su definición más obvia, una escoba es un artículo de limpieza; en concreto, un instrumento para limpiar una superficie arrastrando la suciedad.

Detente de nuevo en la pregunta y ahora formúlala de manera que te permita concebir la escoba desde un punto de vista interno y completamente tuyo, que detone en ti una perspectiva nueva sobre un objeto que no solemos cuestionar, porque estamos acostumbrados a verlo desde una preconcepción sesgada y el significado sostenido por el imaginario colectivo en torno a la función de limpieza y al género al que se asocia la acción de limpiar.

¿Qué más es o puede ser una escoba *para ti*? ¿Qué pasaría si ves la escoba como un elemento menos obvio asociado a la limpieza? ¿Qué significado nuevo puedes darle a ese objeto? ¿Qué otros usos imaginables puede tener para ti? ¿Tendrían género esos nuevos usos o funcionalidades? ¿La podría usar cualquier persona?

Permítete responder libremente a estas preguntas e intenta no juzgar las respuestas que te salgan, pues te darás cuenta de que son valiosas puertas que te están abriendo, desde ya, la posibilidad de ver y relacionarte con ese objeto desde una dimensión y una actitud completamente distintas a las que tenías hace apenas unos minutos.

Repasa de nuevo las preguntas anteriores. Durante un minuto, deja volar tu imaginación y juega a ver la escoba desde cuatro puntos de vista completamente nuevos. Anota a continuación lo primero que se te venga a la cabeza, sin censuras, hasta completar al menos cuatro miradas distintas.

Hazlo y te invito a comprobar que, de ahora en adelante, cada vez que veas una escoba sonreirás porque te darás cuenta de que en ella *ves* mucho más.

1. Una escoba es…

2.

3.

4.

Si no viste nada o te costó imaginarlo, está bien. Conocer más sobre la escoba te ayudará a verla más allá de tu mirada actual.

Usemos la escoba para volar en el tiempo. Ya en el siglo I el filósofo romano Séneca (4 a.C.-65 d.C.) describió la escoba en el libro *Cartas a Lucilio* o *Epístolas morales a Lucilio*. Sin embargo, los orígenes de este objeto, tal y como lo conocemos hoy, se remontan al Renacimiento, donde puede decirse que nacieron los primeros prototipos de este elemento básico de nuestra vida cotidiana.

En su inicio, la escoba era un instrumento muy sencillo basado en un manojo de ramas atadas que surgió ante la necesidad del ser humano de retirar del suelo todo aquello que molestaba o que ensuciaba las superficies.

Si avanzamos en el tiempo, veremos que la escoba se fue perfeccionando, sobre todo en el siglo XIX y gracias a la United Society of Believers in Christ's Second Appearing, llamados comúnmente The Shakers, una secta que creía en el segundo advenimiento de Cristo, a quienes se les atribuye la forma aplanada y estrecha de la escoba tal y como se ha mantenido hasta hoy. En aquella época, además de un utensilio de limpieza de los suelos, la escoba era un instrumento usado para barrer los males divinos y humanos, por lo que era tradición de las parteras barrer el umbral de la puerta para proteger a la madre y al recién nacido de los malos espíritus.

A partir de 1830 la escoba no ha parado de evolucionar, y durante el siglo XX varias ciudades del mundo adoptaron la barredora de rodillos. En 1905, el escocés Alfred Fuller patentó un cepillo de crin y alambres con un mango largo y creó el escobón para la limpieza de exteriores.

Años más tarde, el propio Fuller empezó la fabricación de escobas de interior, con lo cual revolucionó el mundo de la limpieza y ayudó a asentar el significado actual que tenemos de la escoba, ligado al cuidado y mantenimiento del hogar.

Como has visto, en otros tiempos de la humanidad, la escoba no solo era un objeto de limpieza física del hogar, sino que también se asociaba a prácticas que hoy llamaríamos mágicas, místicas o espirituales; era un elemento de poder que servía para barrer todo aquello que no queríamos que entrara en nuestra vida.

De hecho, todavía hoy algunas de las creencias que se tienen sobre este elemento distan mucho de lo que usualmente se piensa de ella. Algunas de estas ideas son las siguientes:

- Si guardamos la escoba en un armario, tendremos mala suerte.
- Si colocamos una escoba hacia arriba, tras la puerta, no tendremos visitas inesperadas.
- Barrer una casa nueva con una escoba vieja trae mala suerte.
- Si barremos de dentro hacia afuera, expulsaremos a los malos espíritus.
- Si la escoba es nueva y escribes "suerte" en el mango, y luego barres toda la casa, la tendrás.
- Poner la escoba tras la ventana en luna llena sirve para cargar nuestra casa de energía positiva.
- Poner la escoba cruzada en la puerta evita la entrada de energía negativa en tu hogar.

En varios lugares del mundo, barrer la casa o la tienda con una escoba es una de las primeras actividades del día, a modo de ritual; el budismo zen considera que la escoba es uno de los emblemas del sabio, representante del contacto con el mundo que acompaña a la pureza de pensamiento. Desde este punto de vista, la escoba invita, de forma literal, a eliminar lo innecesario y, de forma metafórica, a barrer el mundo ilusorio y aquellos apegos que nos mantienen dormidos.

Es a partir de la asociación con la brujería y con el trabajo humilde de la vida diaria y el cuidado de la casa cuando se coloca socialmente la escoba en manos de la mujer. Algunos consideran la ilustración de *Le champion des dames*, de 1451, como la primera representación de una bruja volando sobre su escoba.

También durante la Inquisición y la caza de brujas, la escoba se relacionaba con la brujería porque entre sus ramas se escondían hierbas prohibidas, debido a los efectos narcotizantes y alucinógenos que producían.

Las brujas eran en realidad mujeres que conocían bien las plantas y experimentaban con sus propiedades curativas y alucinógenas, en tiempos donde estas prácticas estaban prohibidas. La ingesta de algunas de estas plantas producían alucinaciones en las que estas mujeres tenían la sensación de volar. Con el tiempo, las brujas se dieron cuenta de que los efectos secundarios podían evitarse aplicando las mezclas a través de ungüentos en lugar de ingerirlas.

Según Jordanes de Bérgamo, investigador del siglo xv que observó de cerca las persecuciones de brujas, una de las costumbres de estas mujeres era áplicar la mezcla sobre una vara y montarse sobre ella, pues había una zona en concreto donde el efecto del ungüento se incrementaba: la vagina.

Es por eso por lo que, cuenta Jordanes, en los juicios contra las mujeres que eran acusadas de brujería, algunas declaraban sentirse levitar con el palo de la escoba.

Con todo lo anterior, seguro que ya te será más fácil imaginarte la escoba desde otros puntos de vista, y, si todavía no, aquí te propongo cuatro más:

1. Ve la escoba como un bastón de poder que nos permite entrar en contacto con nuestro sentido de protección de los espacios que habitamos.
2. Obsérvala como un elemento cargado de simbolismo que nos permite contar una nueva historia sobre un objeto poco valorado en la actualidad.

3. Entiéndela como un utensilio ritualista con el que cada mañana podemos limpiar nuestro espacio exterior (la casa), como metáfora y acción de purificación de nuestro espacio interior (nuestro cuerpo).

4. Siente la escoba como una sofisticada técnica de *mindfulness*, pues cada vez que la usamos y nos concentramos en eso que estamos barriendo y limpiando, estamos aquí y ahora, conectando con nuestro momento más presente.

Todos estos puntos de vista, y todos los que se te hayan ocurrido a ti, son nuevas miradas sobre un objeto tremendamente estereotipado, que a su vez nos abren la posibilidad de vernos a nosotros los varones de una forma menos obvia.

El hombre-escoba, guardián del orden

El hombre-escoba es el arquetipo que representa la capacidad que todos tenemos de ordenar nuestra mirada, barriendo a nivel interno aquello que nos la enturbia, para observar de forma más clara y menos prejuiciosa el mundo externo en que vivimos.

El hombre-escoba te invita a ver el mundo con otros ojos porque hacerlo es transformar la manera de relacionarnos con todo lo que nos rodea. Este arquetipo simboliza la acción de barrer y limpiar no solo lo físico, sino también lo emocional; esto permite reordenar y renovar nuestros sentires a través de la limpieza de los planos físicos que habitamos.

Te conectas al hombre-escoba cada vez que empuñas cualquier utensilio de limpieza, real o imaginario, como un elemento de poder, porque sabes que al hacerlo no solamente estás limpiando tu entorno tangible, sino que también lo resignificas, barriendo del camino sesgos, discriminaciones históricas y estereotipos de género.

El hombre-escoba sabe que los resultados ya obtenidos no se pueden modificar, pero sí podemos cambiar los procesos y procedimientos que nos llevaron a ellos para así obtener resultados distintos en el futuro.

Este arquetipo representa la capacidad que todos tenemos para ordenar nuestra historia personal a través de la depuración y la limpieza de nuestros procesos. Implica aprender qué nos toca barrer en nuestro interior para responder mejor a las adversidades que se nos pueden presentar a lo largo de nuestra vida.

A través del hombre-escoba podrás convertir tus rutinas en rituales, haciendo sagrado y honorable cualquier hábito de limpieza, aprovechando esos momentos cotidianos y mundanos como actos de conexión con el momento presente.

Accionar el hombre-escoba en nosotros pasa por ser capaces de agarrar una escoba y ponernos a limpiar, con la misma tranquilidad con la que desempeñamos cualquier otra actividad supuestamente masculina. Estas son las capacidades que el hombre-escoba te habilita incorporar en el quehacer cotidiano:

- **Cuidar del orden.** Trabajar conscientemente con el hombre-escoba, cuidando y limpiando los espacios que habitamos, nos concede orden mental y enfoque; un espacio caótico es reflejo de una mente desordenada.

- **Sanar espacios.** El hombre-escoba te invita a mantener limpios tus espacios físicos porque sabe que cada tarea de limpieza es una oportunidad de sanación emocional que nos ayuda a liberar cargas mentales y nos permite crecer y transformarnos en personas más corresponsables.

- **Sutilizar ambientes.** Encarnar este arquetipo te ayudará a concebirte como un dinamizador de energías estancadas, donde tu sola presencia ayude a alivianar situaciones y sensaciones negativas, y revitalizar los entornos en los que intervienes.

- **Abrir nuevos caminos.** Este arquetipo es experto en abrir y despejar caminos que nos llevan a nuevas posibilidades, lo cual habilita espacio para la creatividad, la inspiración y el crecimiento.

- **Guiar el cambio.** El hombre-escoba nos deja ver acciones cotidianas de limpieza de forma simbólica, por lo que este arquetipo representa nuestra voluntad de introducir cambios positivos y transformadores en nuestras propias vidas, guiándolas hacia delante.

El hombre-escoba es medicina contra el prejuicio, porque sabe que con cada barrida que hace está sacudiendo sus propios sesgos y ayudando a que muchos otros varones entiendan que barrer, desde cualquier punto de vista posible, nos conecta a algo tan poderoso como el cuidado de nuestro ser y de nuestros lugares.

Este arquetipo nos recuerda la importancia de liberarnos del desorden en nuestras vidas, ese que producen nuestros sesgos y emociones estancadas, para poder avanzar hacia nuestro máximo potencial.

Después de 8 000 años y unas cuantas páginas de evolución humana, el hombre-escoba nos muestra que la verdadera revolución masculina empezará cuando todos y cada uno de nosotros cojamos los instrumentos de limpieza con el mismo ímpetu y normalidad con que pateamos un balón.

Acción necesaria para activar al hombre-escoba

Durante siete días consecutivos agarra una escoba y dedica unos minutos a barrer tu hogar, de la forma más presente y concentrada que puedas. Hazlo en silencio, fijándote bien cómo mueves esa escoba, observando la superficie que limpias e incorporando el disfrute de estar barriendo todo aquello que pueda estar ensuciando ese espacio en el que vives, que es un reflejo de ti.

Acción superior
para activar al hombre-escoba

Durante siete días, y antes de iniciar la acción anterior, toma la escoba como tomarías un bastón de poder. Cierra los ojos y repite en voz alta y con certeza: "Yo [di tu nombre] elijo, a través de esta acción de barrer, barrer también con aquellas lógicas, emociones y sesgos que no me han dejado avanzar en mi camino".

El hombre-león

Capacidad que habilita:
Cuidar del reino interior

Narrativa estereotipada que transforma:
"No seas débil"

Recuerda el 2020. El año en que un virus se coronó entre los todopoderosos humanos, metiéndonos a los más privilegiados a trabajar desde casa.

Un lugar, el hogar, que por ser el más íntimo y privado todavía hoy se asocia a las mujeres. Se trata de una separación de esferas tan imaginaria como real, en la que el espacio público sigue siendo la plaza en la que los hombres nos desenvolvemos.

O así era hasta que llegó la pandemia y metió a millones de nosotros a sus casas, espacios que dejaron de ser meros receptáculos de descanso masculino u hoteles *all-inclusive* de bajo coste para convertirse en lugares que albergaron cada una de las distintas actividades de diferentes varones de todas las edades y condiciones.

Hombres casados, solteros, separados, jefes, emprendedores, empleados, estudiantes o en paro, encerrados en casa y unidos por una sensación común: la de sentirnos unos auténticos inútiles.

Tantos meses de entrenamiento forzado en la casa no bastaron para cambiar la forma en la que nos relacionamos con ese espacio, que, lejos de ser percibido como un hábitat *naturalmente* masculino, se sintió como una jaula para millones que, aún hoy, siguen pensando que "ayudan" en las labores domésticas "porque nuestro lugar es la calle".

En este capítulo te quiero explicar por qué seguir pensando que la calle es nuestro lugar "natural" es en realidad una idea limitante que nos encierra en una jaula llamada "masculinidad", una visión dominante de lo que se supone que es ser un hombre, expresada en singular como si solo hubiese una forma válida de vivir la experiencia masculina, aparentemente la misma para millones de hombres en el mundo.

Acompáñame en las próximas páginas para que analicemos juntos una idea de masculinidad dominante que no ha sido elegida por nosotros mismos, y cómo esto nos condiciona para obedecer mandatos sociales que van minando y domando nuestra propia esencia masculina —la de cada uno de nosotros—, haciéndonos a todos iguales y obedientes ante lo que se supone que tenemos que hacer para "ser hombres de verdad".

También te contaré por qué la libertad masculina pasa necesariamente por aprender a resignificar conceptos como fuerza y valentía, para que dejemos de confundirlos con violencia y bravuconería, y empecemos a tomarlos como oportunidades de aprender a habitar en primer lugar nuestros espacios más íntimos.

El objetivo es llegar a ser soberanos de nuestro reino interior, con la misma templanza, confianza y seguridad personal con las que vive y se mueve un león en libertad, para dejar de vivir como si fuésemos leones de circo cuyo domador son los mandatos de la masculinidad dominante o aquello que se espera de "un verdadero hombre".

"Me siento como un león enjaulado"

Regresemos por un momento a la pandemia.

Durante esa época, en México, las llamadas a los refugios de mujeres, destinados a la protección de las que sufren violencia de género, aumentaron 300%; las jornadas laborales llevadas a cabo por ellas subieron 2.3%; y António Guterres, secretario general de la ONU, afirmó que en esos dos años de pandemia retrocedimos 15 años en cuanto a derechos humanos.

Si algo demostró la pandemia es que, durante ese tiempo, las casas pasaron de ser espacios asociados al cuidado e históricamente atendidos por ellas a convertirse en lugares incómodos y hostiles en cuanto nosotros nos vimos obligados a habitarlos.

Millones de hombres acostumbrados a ocupar el espacio público, pero impotentes ante la imposibilidad de conducirse de forma gestionada en un espacio íntimo como la casa, sintieron que sus hogares se convertían en jaulas, y ellos, en leones enjaulados.

Aquellos lugares que acabamos habitando los varones tendieron a transformarse en espacios tensos, poco seguros y en ocasiones violentos. Esta observación tan incómoda, y al mismo tiempo necesaria, parece que es algo que ocurre de forma habitual, sea cual sea el espacio.

De acuerdo con los datos de la Encuesta Nacional de Victimización y Percepción sobre Seguridad Pública (Envipe) 2019, del Inegi, las mujeres sufren el 91.8% del hostigamiento sexual (manoseo, exhibicionismo e intento de violación), y el 82.5% de estos delitos ocurren principalmente en la calle (42.7%) y en el transporte público (32.2%). Los datos también muestran que las mujeres se sienten más inseguras que los hombres en cualquier espacio público, principalmente en lugares como el cajero automático (86.9%), el banco (78.2%), el transporte público (75%) y, en general, en la calle (74.6%).

Esta situación no solo limita la autonomía de las mujeres, sino incluso su movilidad, lo cual lleva a que muchas de ellas se vean obligadas a cambiar sus rutas diarias, disminuyan o eviten directamente determinadas actividades, o se planteen qué vestir o qué no para sentirse más seguras.[4]

Para los que piensen que ellas están más seguras en espacios privados como la casa, se estima que el 82% de las mujeres asesinadas en el hogar son mayoritariamente víctimas de sus parejas, padres o hermanos.[5]

Sin embargo, no solo ellas están inseguras en los espacios que acabamos nosotros conquistando. Por ejemplo, la violencia que como varones accionamos en los espa-

---

4 Inmujeres, "Las mujeres y la violencia en el espacio público", *Desigualdad en Cifras*, boletín, año 6, núm. 4, 2020.
5 United Nations Office on Drugs and Crime, *Global Study on Homicide: Gender-Related Killing of Women and Girls*, UNODC, 2019.

cios públicos también nos afecta de forma directa a nosotros mismos.

A nivel global, el 95% de los homicidios son cometidos por varones y el 80% de las víctimas de estos homicidios son también hombres. Asimismo, a nivel mundial, de acuerdo con la ONU, más del 90% de los sospechosos de homicidio son hombres.[6]

Solo teniendo en cuenta estos datos resulta evidente que, como género, estamos protagonizando el 85% de las violencias del mundo, por lo que, si en un hipotético escenario algo o alguien "pausara" al género masculino, estaríamos deteniendo también ese porcentaje de agresiones.[7, 8, 9]

La asociación entre hombres, espacios públicos y violencia parece ser tan vieja como los principios de la humanidad. Hasta donde nos dan las observaciones, tanto en el Paleolítico como en el Neolítico, es difícil distinguir un arma de guerra de una de caza o de una simple herramienta.

Lo que sí está claramente definido es que todas ellas fueron usadas por varones en espacios públicos, lo cual deja entrever también la asociación que hay entre lo masculino, el dominio del espacio público y el simbolismo

6 *Idem.*
7 *Idem.*
8 United Nations Office on Drugs and Crime, *Global Study on Homicide: Executive Summary*, UNODC, 2019.
9 Oficina de las Naciones Unidas contra la Droga y el Delito, "El homicidio causa muchas más muertes que los conflictos armados, según nuevo estudio de la UNODC", 8 de julio de 2019.

de la violencia, que incluso puede verse en las comunidades agrícolas neolíticas, cuando los hombres que morían eran enterrados en sus tumbas junto a sus arcos, flechas, hachas o cuchillos.

Esta relación entre masculinidad y dominio del espacio público mediante elementos de fuerza puede verse aún más atrás en el tiempo. Por ejemplo, en el Paleolítico superior (hace 45 000 a 10 000 años), cuando aún no existían arcos o espadas, ya podemos ver entre nuestros antepasados, cazadores, recolectores y nómadas, una división de tareas y de espacios diferenciada en función del género.

En aquellos tiempos, mientras que las mujeres cuidaban de los niños y se encargaban de la preparación de los alimentos y del trabajo con materias blandas, ellos se ocupaban de la caza de las grandes presas y de todo lo relacionado con la transformación de los materiales duros.[10]

Desde allí y en el avance de nuestra historia como especie, esa incipiente y al mismo tiempo clara división sexual del trabajo no solo se mantuvo, sino que se acentuó y nos fue otorgando a los varones un excedente de tiempo y espacio que durante miles de años hemos capitalizado, monopolizado y usado para nuestro desarrollo y para la expansión de nuestro dominio público.

Esto lo podemos ver de manera acentuada en todas las épocas posteriores de la historia de la humanidad, en las que

---

10 I. Jablonka, *Hombres justos. Del patriarcado a las nuevas masculinidades*, Anagrama, 2020.

a las mujeres se les han atribuido funciones maternas y de cuidados, mientras que el dominio de las funciones públicas ha sido y sigue siendo eminentemente nuestro.

Durante todo ese tiempo, los hombres no solo nos apropiamos del espacio público, sino también de todo lo que hay en él, incluidos los cuerpos femeninos. Hemos mantenido así a las mujeres en las labores del cuidado y de especialización materna, hasta el punto de que, todavía hoy, en el imaginario colectivo, ser hombre sigue siendo sinónimo de producir, y ser mujer, de reproducir.

En este sentido, está claro cómo se sigue repitiendo esta historia: la calle o lo público es el lugar de los hombres, y la casa o lo privado, el de las mujeres. Aunque poco a poco la división de roles y espacios se va rompiendo, aún los estereotipos se mantienen: si ellas son las que crean vida, los hombres la quitamos.[11]

Esto empezó a cambiar hace relativamente poco, cuando ellas, cansadas de ser capitalizadas por nosotros, empezaron a liderar, hace dos siglos y medio, una revolución que busca redefinir por completo esa división del trabajo, de los espacios y de las funciones, la cual desde tiempos inmemorables había permanecido prácticamente inalterable.

---

11 Idem.

La casa no es nuestra jaula, la *man box* sí lo es

En 2017, la organización Equimundo publicó *The Man Box* o *La caja de la masculinidad*, un estudio sobre lo que significa ser hombre joven en Estados Unidos, Reino Unido y México.

El objetivo del estudio era dar respuesta a preguntas como ¿qué significa ser un hombre joven?, ¿cómo se supone que debe actuar un hombre?, o ¿qué tanto pesan estas expectativas en las vidas de los hombres jóvenes?

Este estudio define *caja de la masculinidad* como el conjunto de normas socialmente reforzadas sobre lo que un "hombre de verdad" *debe* hacer.

Esa caja mental está compuesta por estos siete pilares o mandamientos de la masculinidad dominante:

1. **Sé autosuficiente.** Resuelve como hombre. Un hombre que habla mucho sobre sus preocupaciones, miedos y problemas no merece respeto.
2. **Sé fuerte.** Entendida la fuerza como expresión y demostración física de la hombría. Un hombre tiene que defenderse usando su fuerza física cuando siente que se ríen de él, incluso si se siente nervioso y asustado. No hacerlo demuestra debilidad.
3. **No te cuides.** Si te cuidas, que no se te note. Preocuparse de la apariencia no es cosa de hombres.
4. **Ten roles rígidos.** Hay cosas de hombres y tareas de mujeres. Por ejemplo: cocinar, coser, limpiar la casa, cuidar de niños y del hogar no son "cosas de hombres".

5. **Lo natural es ser heterosexual.** Puedes tener un amigo gay siempre y cuando tengas claro que un sujeto gay no es un "hombre de verdad".

6. **Sé hipersexual.** Lo que nos hace hombres es medir nuestra hombría en función de nuestras conquistas sexuales, obviamente de mujeres. Porque, si de verdad eres un hombre, te tienen que gustar las mujeres. Cuantas más conquistas, más hombres somos.

7. **Puedes ser agresivo y controlador.** Se vale agredir para hacer respetar tu hombría. En la casa mandas tú y, si tienes novia, mantenla bajo control.[12]

La conclusión general de este estudio es que la caja de la masculinidad —o simplemente "la caja"— se encuentra más viva que nunca en países como Estados Unidos, Reino Unido y México.

Al mismo tiempo, y aunque parezca paradójico, gran parte de los hombres entrevistados en el estudio apoyan ideas relacionadas con la igualdad de género y aseguran que a los varones se los debe animar a participar en actividades tradicionalmente consideradas femeninas, entre ellas el cuidado de los niños y las niñas.

También parece contradictorio que aquellos hombres que están en la caja y viven apegados a las normas de género más rígidas se sientan más libres de transgredir algunas

---

12 B. Heilman, G. Barker y A. Harrison, *La caja de la masculinidad*, Equimundo, 2017.

de ellas, ya sea llorando ante sus amigos varones o dedicándole una cantidad de tiempo indulgente al arreglo personal.

Según el estudio, estas contradicciones entre estar dentro de la caja y sentirse libres para transgredir algunas reglas de género son descripciones fieles y lógicas de los dilemas que supone enfrentarse a ideales de masculinidad contradictorios.

Te preguntarás qué tiene que ver el estudio de la caja de la masculinidad contigo. Pero tal vez la pregunta no deba ser si estamos dentro o fuera de la caja de la masculinidad, sino qué tan metidos en ella estamos.

Para entender mejor cómo funciona esta caja de la masculinidad o *man box* en nuestro día a día, basta con que les preguntemos a otros hombres —o, mejor aún, a nosotros mismos— cuándo fue la última vez que contaron un chiste sexista o hicieron un comentario homofóbico o lo escucharon y, aunque no les hiciera gracia, prefirieron quedarse callados.

Contestando a esto, sabríamos fácilmente en qué rincón de la caja vivimos.

Hagamos el ejercicio. Pregúntate:

◉ ¿Cuándo fue la última vez que le dijiste a una mujer "cuidado con cómo vas vestida" porque pensaste que quizá algún otro hombre pudiese propasarse con ella?

◉ ¿Te han dejado en la *friendzone* o te gusta estar allí porque en esencia piensas que toda mujer es un objetivo a conquistar, tardemos lo que tardemos, y hay que aprovechar en cuanto se despiste?

- ¿Has tenido relaciones íntimas sin tener ganas porque los hombres "siempre tenemos ganas de sexo"?
- ¿Mides tu hombría en función de tus conquistas sexuales?
- ¿Has competido por tomar más que tus amigos?
- ¿Cuándo fue la última vez que hablaste de tus emociones abiertamente con alguien?
- ¿Pides ayuda cuando lo necesitas o buscas resolverlo todo tú solo?
- ¿Alguna vez hablaste con tu padre de temas íntimos, dudas sexuales, emociones, miedos o inseguridades?
- ¿Alguna vez has ido a terapia?
- ¿Cuándo fue la última vez que te hiciste una revisión médica simplemente por cuidarte?
- ¿Sientes que tienes que mantener todas tus emociones en secreto?
- Si alguien se mete contigo, ¿crees que lo que toca es responder con violencia aunque eso ponga en riesgo tu seguridad?
- ¿Evitas ir a terapia aunque a veces sientes que lo necesitas?
- ¿Te has lastimado por hacer algo peligroso que pusiese a prueba "qué tan hombre eras"?
- ¿Te niegas a pedir ayuda porque ser autosuficiente es parte "natural" de ser hombres?

Si contestaste que sí a alguna de estas preguntas, estás en la caja de la masculinidad. Lo más preocupante es que, de alguna u otra manera, todos lo estamos.

Por eso puede que la pregunta definitiva, la más incómoda, no sea si somos machistas o no, sino qué tan machistas somos. Cuestionarnos, poner el foco en nosotros y en nuestras conductas, es la forma más directa de dimensionar en nuestra vida diaria la problemática machista y por qué nos toca combatirla.

Reconocer que estamos metidos en la *man box* es empezar a darnos cuenta de que cada uno de esos mandatos o pilares de esa caja está reduciendo la potencia de nuestras identidades a meros estereotipos.

Una vez que entendemos esto, "sentirnos como un león enjaulado" deja de tener sentido, porque empezamos a entender que los espacios íntimos, como puede ser la casa, no son nuestra jaula. La *man box* sí lo es.

Cuando vivimos y sostenemos nuestra identidad masculina en torno a los pilares de la *man box*, lo que estamos haciendo es encerrarnos dentro de una jaula en la que hemos sido amaestrados para confundir en demasiadas ocasiones fuerza con violencia.

La *man box* y sus pilares son los barrotes de esa jaula, la de la masculinidad de circo. Una forma dominante y excesiva de vivir la experiencia masculina, que nos va domando para actuar como leones en cautiverio que anhelan la libertad, pero que, al no conocerla, se comportan de manera predecible y temeraria para demostrarle al domador —en este caso, el sistema patriarcal en el que vivimos— que somos dignos de estar en esa caja.

Si la caja de la masculinidad es sinónimo de la jaula del león de circo, vivir fuera de ella es experimentar la libertad.

Entender esta metáfora entre la *man box* y la jaula de circo es un buen inicio para empezar a salir de esa caja. Dejar de negar nuestras emociones es otra acción necesaria, así como entender que es urgente que aprendamos a gestionarlas porque, cuando no lo hacemos, acaban saliendo de formas desconcertantes, como un rugido que suena iracundo, pero que en el fondo encierra mucho dolor, rabia, miedo e impotencia.

Salirnos de la *man box* es escapar a nuestro cautiverio y, aunque no es tarea fácil, es posible. Basta con que seamos capaces de detectar qué pilares de esa caja siguen sosteniendo hoy nuestra identidad masculina y empecemos a actuar desde posiciones que representen todo lo contrario, construyendo así nuestra propia "anticaja" de la masculinidad dominante.

El león, la fuerza noble del reino animal

El león es el rey de la selva y el gran felino por excelencia. Su prestigio no proviene de su velocidad o de su fuerza, pues ni es el animal más veloz de la jungla, ni tampoco el más fuerte. Sin embargo, son los felinos grandes más sociables y su elegante agilidad, perseverancia, sensualidad, gracia protectora, confianza certera y noble autoridad lo han inspirado casi todo.

Desde las sociedades de guerreros, magos, dioses y chamanes hasta las narrativas contemporáneas de Disney, el poder simbólico del león es innegable y culturalmente se lo ha relacionado con el esplendor del sol dorado, la supervivencia heroica, la divinidad y la soberanía.

Hace más de 30 000 años que los leones ya eran admirados y representados por artistas rupestres como los de la cueva de Chauvet, en el sur de Francia, donde parece que las manadas de leones de las cavernas vigilaban y cazaban en las antiguas llanuras, de una forma parecida a como lo hacen los leones de hoy en la estepa africana.

Como todos los seres que habitamos este planeta, estos grandes felinos necesitan un hábitat, del cual dependen y que, por lo tanto, respetan y honran a través de su valor y la fuerza de su presencia viva en la naturaleza.

El hombre-león, soberano de tu reino interior

El hombre-león es el arquetipo que habilita nuestra capacidad de ser conscientes de nuestro poder y fortaleza internas, para dejar de confundir fuerza con bravuconería y violencia externas.

Este arquetipo representa la soberanía interior, la nobleza de espíritu y una capacidad de presencia tan fuertes que nos inspira a poder cultivarlas en nuestro día a día.

El hombre-león ruge en ti cada vez que fortaleces tu soberanía interna a través del cuestionamiento de los mandatos de la masculinidad dominante y te enfocas en mostrarle al mundo tu propia forma de entender tu masculinidad.

Afianzamos este arquetipo en nosotros cuando entendemos que es la idea de masculinidad dominante la que nos ha hecho creer que somos dueños de la calle, y nos damos cuenta de que en realidad es allí, en ese espacio estereotípicamente masculino, donde muchos varones siguen encerrados y actuando desde sus respectivas y agresivas jaulas o *man boxes*, comportándose bajo los parámetros de un domador tan fiero como invisible: esa idea rígida de "la masculinidad" que, cuando es la misma para todos, nos mantiene sometidos y domados.

El hombre-león es la fuerza noble y complementaria que se activa en ti cuando tomas responsabilidad de tus actos, ayudando con tu actuar a construir un mundo más armonioso y cuidador, tanto para ti como para el resto.

Estas son las capacidades que el hombre-león habilita en tu vida:

- **Soberanía del reino interior.** Así como el león es un animal libre e independiente, el hombre-león te propone vivir alejado de los mandatos externos de la *man box*. Al hacerlo, entrarás en contacto con tu soberanía interna, lugar donde radica la verdadera libertad, entendida como la capacidad de elegir tus propias ideas, entre ellas la de la masculinidad. Esa soberanía interna te permitirá habitar con gracia y correspondencia espacios privados como el hogar, así como el mundo íntimo y emocional.

- **Coraje en la adversidad.** El hombre-león te ayuda a comprender la adversidad como parte de tu hábitat. Sabe que el mundo es feroz, en el sentido en que, al principio y al final, todos buscamos seguir adelante. Entender esto como parte de la vida misma y no tomarlo personal nos permite vivir con sabio coraje, sin resentimiento y con determinación.

- **Rugido interno.** El hombre-león te conecta con una voluntad poco menos que inquebrantable y te muestra que a donde no te lleva la motivación te lleva la preparación, y a donde no llegas con tu fuerza te lleva tu voluntad.
- **Presencia que lidera.** Trabajar con este arquetipo habilita un ejercicio de liderazgo basado en vivir la vida desde una capacidad de presencia que impone porque marca la diferencia. Al estar más presente te mostrarás más atento y el resto lo percibirá. Eso, en un mundo lleno de personas ausentes y distraídas, es una de las grandes fortalezas que te ofrece este arquetipo.
- **Nobleza de espíritu.** El hombre-león te propone elevar tu espíritu día a día actuando con integridad, honor y respeto hacia los demás, porque a través de esa tríada es que se construye un sentido de nobleza que se gana el aprecio y la lealtad de quienes te rodean.
- **Respeto por la naturaleza.** El hombre-león te conecta con un profundo respeto por la naturaleza y por todas las formas de vida que la habitan, porque te muestra la interdependencia de todas las criaturas que habitan este planeta. Dese allí, este arquetipo te invita a vivir en un equilibrio armonioso respecto a cada ser vivo, humano o no humano, que habita también en este mundo natural.

Este arquetipo simboliza nuestra capacidad para resignificar conceptos como fuerza y valentía, y esto implica convertirnos en los soberanos de nuestro reino interior y comprender que nuestra gran fortaleza es mantenernos al acecho y vigilantes para no caer en las trampas sociales que continuamente nos invitan a entrar de nuevo en nuestras jaulas mentales de machos, caricaturas de hombres.

Accionar al hombre-león pasa necesariamente por observar que, en un contexto social plagado de estereotipos de género, el domador, que es el sistema patriarcal en que vivimos, en su intento de domar y homogeneizar a todos los hombres, metiéndolos en la jaula de la masculinidad dominante, lo único que logra es volverlos más agresivos e impredecibles.

El resultado es una masculinidad de cautiverio, que, al seguir y obedecer ciegamente la presión social sin cuestionarla, resulta más feroz, porque en realidad encierra una identidad masculina enjaulada, domada, violenta y castrada.

Terminaste el capítulo. Detente en esta página, cierra el libro y ábrete a la posibilidad de sentir y mirar de frente a tu fuerza interior. Allí descubrirás un rugido. Es tu corazón, hábitat de ese hombre-león cuya fortaleza, a partir de este momento, deseo que empiece a guiarte.

Acción necesaria para activar al hombre-león

Durante una semana, tendrás que elegir tus batallas y usar tu fortaleza interior para no discutir con nadie. En su lugar, domarás tus reacciones y te centrarás en querer conocer y escuchar los posibles puntos de vista divergentes de las personas que tienes delante, e intentarás entender sus razones antes de verte atrapado en una discusión innecesaria.

Al practicar esta conducta, te darás cuenta de que es más retadora de lo que parece, así que, cada vez que te encuentres a punto de discutir, repítete mentalmente "Elijo activar al hombre-león" como un recordatorio de cómo quieres y puedes usar tu fortaleza interna.

Acción superior para activar al hombre-león

Construye tu propia anti *man box*.

Para ello toma una hoja de papel y anota en ella los siete pilares , creados y elegidos por ti, que mejor te describen —o quieres que te describan— a ti como hombre.

Esta será a partir de ahora tu propia y personal "caja de la masculinidad".

3

El hombre-ágape

Capacidad que habilita:
Amar con base al cuidado

Narrativa estereotipada que transforma:
"No seas cursi"

El 57% de los hombres califica su autoestima alta, en contraste con el 43% de las mujeres, de acuerdo con la encuesta "What Women Want", realizada por Kantar, agencia de consultoría e *insights*, y aplicada en México.[13]

A primera vista se diría que, como género, los hombres gozamos de una aparente sanidad en cuanto a cómo nos valoramos y apreciamos a nosotros mismos.

Sería fácil presuponer que una autoestima alta está relacionada *a priori* con una salud mental sana, y, sin embargo, si atendemos a las estadísticas, la salud mental masculina es uno de los aspectos más preocupantes desde la narrativa de la masculinidad hegemónica, donde un "verdadero hombre" es aquel que se muestra invulnerable, poco o

---

13 E. Herrera, "Solo 43 por ciento de las mexicanas tiene alta autoestima, revela estudio", *Milenio*, 8 de marzo de 2021.

nada emocional, prácticamente no siente y, por supuesto, no llora, si es que quiere encajar con lo que se espera de él.

Esta ficción es una paradoja demencial.

Por una parte, el hecho de contarnos y creernos la narrativa dominante de lo que tiene que ser o hacer un hombre se supone que nos sienta bien y nos fortalece la autoestima, pero, al mismo tiempo, ocultar nuestros sentimientos e ir de analfabetos emocionales por la vida lo único que logra construir son identidades masculinas con una salud mental tan frágil como reactiva.

Repasemos algunas estadísticas sobre salud mental masculina en México y Latinoamérica:

- Datos del Inegi señalan que 14.48 millones de hombres mexicanos sufren depresión.[14]
- El 81% de los suicidios en México los cometen hombres.[15, 16]
- En Latinoamérica las tasas de suicidio en hombres son superiores a las observadas en las mujeres, y representan alrededor del 79% de todas las defunciones por suicidio.[17]

14 "Día mundial para la prevención del suicidio", Inegi, Comunicado de prensa núm. 542/23, 8 de septiembre de 2023, disponible en https://www.inegi.org.mx/contenidos/saladeprensa/aproposito/2023/EAP_Suicidio23.pdf

15 B. Corzo, "Suicides Surge in Mexico amidst Drug Trafficking and Violence", *El Universal*, 10 de abril de 2019.

16 Inegi, "Estadísticas a propósito del Día Mundial para la Prevención del Suicidio", comunicado 410/18, 7 de septiembre de 2018.

17 Organización Panamericana de la Salud, "Prevención del suicidio", 2020.

● La población masculina de 20 a 24 años en México ocupa la tasa más alta de suicidio con 9.3 por cada 100 000 jóvenes.[18]

Al observar estos datos, queda claro que una autoestima alta no necesariamente está relacionada con una salud mental sana; sin embargo, seguimos confundiendo amor propio con bravuconería machista, algo que va en detrimento de nuestra salud mental y también física.

Por eso en este capítulo te quiero hablar del amor en todo su espectro. Primero, hacia nosotros mismos; después, hacia todo lo que nos rodea.

Si hablar de amor te suena cursi y blandengue, las siguientes páginas son una invitación a que analices por qué.

Spoiler: la respuesta es que detrás de esa percepción probablemente hay una narrativa imperante que te has contado y que conforma una realidad que todos hemos vivido: una cultura machista que dictamina sobre qué temas podemos hablar los hombres y cuáles son de mujeres; una ficción dominante donde el amor, en todas sus formas, está asociado a lo femenino. Es por eso por lo que hablar del amor te suena cursi.

A través de las siguientes páginas nos daremos cuenta de que el concepto que tenemos actualmente de autoestima está más cerca del narcisismo que del amor pro-

---

18 Inegi, "Estadísticas a propósito del Día Mundial para la Prevención del Suicidio", comunicado 455/19, 10 de septiembre de 2019.

pio, y entenderemos por qué nos conviene comprender las diferencias.

El objetivo es que reconfiguremos juntos una narrativa del amor distinta y más amplia, un amor ágape que nos permita amarnos y amar sin las condiciones y la letra pequeña del contrato de la masculinidad hegemónica al que vivimos adscritos actualmente.

Enamórate primero de ti y luego de quien te dé la gana

Solemos hablar de amor para referirnos a conexiones personales que, dentro de una cultura machista, describen relaciones basadas en la dependencia emocional, el sometimiento de una persona hacia la otra, el control de un cuerpo sobre el otro y que, en definitiva, están construidas desde una concepción y entendimiento muy estrechos de eso que llamamos amor.

Como sociedades, vivimos encerrados en una narrativa romántica del amor que, en el mejor de los casos, describe una de las fases de las múltiples formas que existen de amar, pero no la única: el enamoramiento.

Confundir amar con enamorarnos es una vivencia que tenemos del amor a la que yo denomino porno-romanticismo. Una forma de entender las relaciones amorosas desde una perspectiva romántica en la que el sexo está ligado a las narrativas de sometimiento del porno, y el afecto está distorsionado por las narrativas de amor codependiente, machista e infantil de Disney, Hollywood y, en general, de toda la industria del entretenimiento.

Esta narrativa porno-romántica se construye con base a un yo hinchado, donde nos relacionamos desde un ego mal enfocado y herido en su falta de amor y de conexiones significativas, que nunca tiene suficiente y por eso tiende a relacionarse desde la carencia y la falta de afecto.

En esta visión porno-romántica, amar significa controlar a la persona con la que nos relacionamos "porque es mía". Desde allí, generamos conexiones que nunca serán suficientes porque parten desde una exigencia hacia la otra persona, la de completarnos. Esto es responsabilidad enteramente nuestra y que debemos aprender a hacer nosotros una vez que entendemos la primera y necesaria gran dimensión del amor: el propio.

Para construir un amor propio sano y fuerte es fundamental que renunciemos al sueño porno-romántico de pedirles a otras personas que nos completen. Nadie puede completarnos sencillamente porque eso forma parte de nuestro crecimiento como personas en la vida y, por lo tanto, es responsabilidad nuestra.

Vivir con la expectativa de que alguien nos complete es experimentar el amor desde una posición de debilidad y no de fortaleza. Al hacerlo, estamos dejando nuestra salud emocional en manos de otras personas. Completarnos es una tarea personal; así que cuanto antes dejemos de buscar "medias naranjas", más pronto transformaremos una narrativa estereotipada del amor, que lo único que hace es seguir construyendo relaciones basadas en el control, la codependencia, el sometimiento y la sumisión.

Completarnos es una oportunidad que encierra un superpoder que nos corresponde atesorar a cada uno de nosotros. Cuanto más completos nos sintamos, más fácil será abrirnos a la experiencia del amor que es complementario: complementando a otras personas, que a su vez también nos complementan, ayudándonos a crecer mutuamente.

Para cambiar ese mal entendimiento que tenemos del amor, confundiéndolo con porno-romanticismo, es necesario que nos abramos a una nueva visión de lo que significa amar: una fuerza universal que no entiende de género y que, empezando por cada uno, se expande al resto y nos atraviesa a todos.

Amor propio y autoestima

A continuación te quiero plantear ocho preguntas que te ayudarán a radiografiar y tener un primer análisis de lo que entiendes por amor propio y en qué estado se encuentra tu autoestima. Por favor, date un momento para responderlas y, cuando estés listo, sigue leyendo.

- ¿Consideras que tienes una relación contigo mismo?
- ¿Qué tanto cuidas lo que ingieres? Y no me refiero solo a alimentos, sino también contenidos y formas de relacionarte.
- ¿Qué tanto conoces y cuidas tu cuerpo y tu mente?
- ¿Qué tal te llevas contigo mismo?
- En una escala de 1 al 10, donde 1 es *nada* y 10 es *absolutamente*, ¿qué tanto te conoces?
- ¿Qué tanto eres capaz de ver tus sombras? ¿Qué tanto las aceptas?

- ¿Qué tanto eres capaz de poner límites a personas y situaciones que sabes que no te convienen?

Estas preguntas te ayudarán a entender, en la práctica, que cuando hablo de amor propio me refiero a la relación de cariño ilimitado que cada uno de nosotros tiene consigo mismo. Esto implica saber qué tanto nos conocemos y aceptamos tal y como somos, cuánto nos cuidamos y priorizamos, y si sabemos poner límites que nos demuestren a nosotros mismos que somos valiosos y merecemos dignidad y respeto. Implica también poner límites saludables en nuestras relaciones con los demás, así como ser conscientes de nuestras fallas, saber reconocerlas y tomar medidas para darles respuesta.

Tener amor propio y autoestima está muy relacionado, pero no es exactamente lo mismo. Cuando hablo de autoestima, me refiero al grado de confianza que nos tenemos y, por lo tanto, nos mostramos. Es decir, es una demostración sana de cuánta confianza tenemos en nosotros mismos, a través de cuánto creemos en nuestras habilidades y capacidades. Tener autoestima nos ayuda a encontrar la motivación necesaria para alcanzar nuestras metas e ir superando los obstáculos que se puedan presentar en el camino. Por lo tanto, tener autoestima nos ayuda a creer en nosotros mismos y nos permite tener una actitud positiva ante la vida, ya que se nutre del valor que les damos a todas las dimensiones de nuestra experiencia humana.

Así como el amor propio y la autoestima son dos fuerzas que se complementan, ninguna de las dos tiene nada que ver con el narcisismo, que es una especie de espejo distorsionado que solo te refleja ti mismo, alimentando un apego excesivo y un ego mal enfocado, el cual a menudo se traduce en comportamientos arrogantes y ausentes de empatía hacia los demás.

La imagen que vemos en el espejo del narcisismo nos hace creer que somos superiores al resto y suele detonar actitudes dañinas hacia nosotros mismos, minando nuestro amor propio y autoestima, pues puede llevarnos a sentirnos vacíos e insatisfechos a pesar de nuestros logros.

Del "yo" al "nosotros": un viaje hacia el amor ágape

¿Alguna vez te has parado a pensar por qué los pronombres personales están en el orden en el que están?

Te invito a observar su cadencia para darte cuenta de cómo "yo", "tú", "él/ella", "nosotros/as", "ustedes", "ellos/as" están intrínsecamente relacionados con los estados de conciencia del ser humano, por lo que pueden ser un camino directo y creativo hacia la forma más elevada de amor que existe: el ágape o amor incondicional.

Amor *ágape* es un concepto que proviene del griego y que se refiere al tipo de amor más elevado que existe, por ser incondicional, altruista y desinteresado, y por buscar el bienestar del otro sin esperar nada a cambio. Para los griegos, este tipo de amor se basaba en la compasión, la generosidad y la empatía, no solo hacia uno mismo y el resto de las personas, sino también hacia todo aquello que nos rodea.

Para dimensionarlo bien, imagina que existe una especie de "amorómetro" en que el amor ágape es el amor más alto que existe y se diferencia de otros tipos de amor —como el amor *eros* (amor romántico) o el amor *philia* (amor fraternal)— en que no depende de las cualidades de la otra persona ni de los sentimientos que tengamos hacia ella, porque el ágape es un amor que se da sin esperar nada a cambio y se expresa a través de acciones y comportamientos totalmente nobles y desinteresados.

Por eso muchas religiones y prácticas espirituales consideran que el ágape es el amor más puro que existe, y lo describen como un estado de conciencia o una especie de manifestación divina en la tierra, que se basa en un relacionamiento de amor incondicional hacia todas las personas y seres vivos, independientemente de sus diferencias. Alcanzar ese tipo de estado no es tarea fácil; de hecho, se considera que solo los grandes maestros y maestras de la historia de la humanidad han llegado a encarnar este tipo de amor incondicional.

Visto así, acercarnos a este estado tan elevado y consciente del amor podría ser el propósito de los propósitos al que pudiésemos aspirar como seres humanos. Un viaje de aprendizaje y toma de conciencia que nos puede llevar toda una vida y en el que, afortunadamente, contamos con algo tan cotidiano como los pronombres personales a modo de brújula y herramienta concreta que nos puede orientar y guiar en esa carretera hacia el amor incondicional o ágape.

Empecemos por el "yo", el pronombre personal por excelencia y el que nos da un lugar en el mundo. En términos prácticos, "yo" se relaciona con el estado de conciencia conocido como ego. El ego no es ni malo ni bueno *per se*, pues es nuestra identidad y la parte de nosotros que se identifica con nuestro cuerpo, mente y personalidad.

El problema radica en no gestionar bien nuestro ego y dejar que este tome el control de nuestras vidas, haciéndonos sentir separados de los demás y de nuestro contexto en general. Por el contrario, cuando aprendemos a reconocer y gestionar nuestro ego, empezamos a experimentar también un estado de amor más presente y en primera persona, que es el amor propio. Este es el primer gran paso para empezar a vincularnos de manera más honesta y profunda con quien tenemos delante: "tú".

"Tú" se relaciona con la conciencia interpersonal y se refiere a la capacidad de sentir y entender las experiencias de quien tenemos delante. El pronombre "tú" es una herramienta diseñada para reconocer a esa otra persona como un individuo que, al igual que nosotros, tiene sus propias singularidades, historia y lugar en el mundo. Desde este punto de vista, el "tú" nos conecta empáticamente con esa otra persona y nos invita a establecer vínculos más corresponsables, sin usar la culpa como escudo, sobre todo en aquellas situaciones en las que no estamos de acuerdo.

Sigamos viajando y detengámonos en los pronombres "él/ella". Observándolo, te darás cuenta de que su uso nos permite reconocer la existencia de cualquier persona, sin enfocarnos necesariamente en la relación que pueda tener con nosotros. Este estado de conciencia se conoce como objetividad y es un paso necesario para acercarnos al amor incondicional, ya que nos facilita reconocer a los demás como seres valiosos y dignos de nuestro respeto sin importar su conexión con nosotros.

Llegamos al pronombre "nosotros/as". Desde allí podemos reconocer nuestra conexión con otras personas y formar una identidad colectiva. Este es un estado de conciencia al que podríamos llamar unidad y es esencial para alcanzar el amor incondicional, ya que nos permite ver a los demás como una extensión de nosotros mismos y enfocarnos en el bienestar del grupo y no solo en las necesidades individuales.

Finalmente, alcanzamos a "ellos/as", que se relaciona con el entendimiento de la otredad y la conciencia colectiva. Tiene que ver con la capacidad de sentir y entender las experiencias de grupos de personas más grandes que nuestros allegados, como comunidades o sociedades enteras. Cuando estamos en un estado de conciencia colectiva, podemos desarrollar una comprensión más rica y menos prejuiciosa de las dinámicas sociales y culturales que influyen en nuestras vidas.

Al hacerlo estamos reconociendo la existencia de otros grupos y reconociendo nuestra interconexión con toda la humanidad. Este estado de conciencia se conoce como universalidad y es esencial para alcanzar el amor incondicional, ya que nos permite ver a todos los seres humanos como valiosos y dignos de amor sin importar su género, raza, religión u origen.

Como te habrás dado cuenta, ver los pronombres personales como una carretera hacia relaciones más amorosas, elevadas y significativas nos puede ayudar a conocernos mejor y saber en qué punto estamos, para desde allí cooperar en pro de una sociedad más noble y armoniosa.

El hombre-ágape, contenedor de amor

El hombre-ágape es el arquetipo que representa la práctica del amor desinteresado y la habilidad de llevarlo a la vida cotidiana a través de la compasión y de la bondad, no solo hacia otras personas, sino hacia todos los seres vivos.

Trabajar con este arquetipo nos habilita la capacidad de ubicarnos por encima de las divisiones, para ir ampliando nuestra perspectiva hasta ser capaces de contener todas aquellas partes o puntos de vista divergentes, los cuales, vistos con la suficiente distancia crítica, no son más que miradas muy pequeñas y apegadas que, al haberlas percibido como separadas, acaban provocando relaciones disfuncionales.

Esta es la esencia del hombre-ágape y supone un gran acto de servicio desinteresado. Una muestra de amor que va floreciendo y se va haciendo fuerte en ti cada vez que eres capaz de mirarte hacia dentro y te atreves a bajar a las profundidades de quien eres, pasando por quien creías que eras y sabiendo que eso no garantiza que te hayas encontrado, pues vas comprendiendo que la deconstrucción o toma de conciencia es un proceso de transformación que va de ti hacia el resto, y que es tan constante como infinito.

Te conectas al hombre-ágape cuando te enfocas en desarrollar tu capacidad de amar, viviéndola como una práctica diaria de empatía radical que implica los menos condicionamientos posibles.

Lo pones en práctica en tu vida diaria a través de actos cotidianos de solidaridad y bondad hacia todo lo que te rodea, cuando aprendes a mostrar compasión por los demás y no juzgas, no criticas, no condenas y, en su lugar, tratas de entender las necesidades del resto y aprendes a acompañar a quienes están pasando por dificultades, respetando sus propios procesos.

El hombre-ágape se acciona en tu interior cuando eres capaz de observar y respetar las diferencias culturales, religiosas o ideológicas de los demás. Es esa versión de ti que aparece cada vez que no tratas de imponer tus puntos de vista y respetas las opiniones ajenas, verdades que pueden ser distintas a las tuyas porque son fruto de vivencias que no necesariamente has vivido y de personas que probablemente no conoces.

Accionar al hombre-ágape implica entender que el amor, cuando realmente es amor, es desinteresado y lo contiene todo, incluidas otras formas del propio concepto del amor. Desde ese entendimiento el hombre-ágape entra en contacto con la forma más elevada del amor, primero hacia uno mismo y, desde allí, hacia el resto de las personas y de todo lo que lo rodea.

Tu versión de hombre-ágape sabe que esa fuerza llamada amor siempre está presente y que para verla basta con levantar la mirada y ver las cosas con la altura y perspectivas necesarias para seguir creciendo, avanzando y expandiéndonos en nuestra vida.

Estas son las capacidades que este arquetipo te invita a habilitar en tu vida:

o **Resignificar el amor.** Este arquetipo te ayuda a entender el amor con la suficiente amplitud para desconectarlo del estereotipo de romanticismo al que suele estar asociado y empezar a comprenderlo desde una nueva dimensión de significado que no pasa por lo cursi, sino por la fortaleza que tenemos al ser capaces de reconocerlo, sentirlo y compartirlo.

- **Entender la empatía de forma radical.** Trabajar con este arquetipo te ayuda a reconocer y valorar las experiencias y emociones de los demás, sin importar su origen, género o creencias, y a fortalecer tu empatía a través de ese proceso.

- **Dejar de exigir paz y empezar a tenerla.** El hombre-ágape te reta a poner a prueba eso que llamamos paz, no exigiéndola afuera, sino trabajando en ti, a través de la gestión de tus emociones y el control de tus reacciones con el objetivo de cultivar y hacer crecer tu propia armonía interna.

- **Disentir y avanzar.** Desde el hombre-ágape puedes practicar tu rol de mediador y transformador de conflictos, buscando resolver disputas a través del diálogo, la comprensión, la disculpa o el perdón. No se trata de estar de acuerdo en todo, sino en estar de acuerdo en que podemos disentir y, aun así, encontrar puentes y formas conjuntas de crecer y seguir avanzando.

- **Danzar al ritmo de la no violencia.** El hombre-ágape te propone un liderazgo basado en usar a tu favor lo que parecen fuerzas en contra. Su ejemplo de amor y compasión motiva a otros a seguir un camino de diálogo y no violencia.

Este arquetipo simboliza la más alta expresión del ser humano, porque representa ese gran contenedor de amor en que nos convertimos cuando somos capaces de cultivar el servicio desinteresado en nuestras vidas.

Su ejemplo nos muestra que el amor verdadero no tiene nada que ver con la concepción cursi o pseudorromántica del amor con la que hemos crecido, sino con la capacidad de transformar nuestro pequeño mundo a través del cuidado, el afecto, los actos de bondad y la solidaridad genuina, que son los ejes centrales del amor sin intereses.

El hombre-ágape crece en tu interior en cada intersección entre lo que vas a decir reactivamente y lo que acabas diciendo porque logras verlo antes de que salga de tu boca. Vive detrás del prejuicio que no verbalizas, porque eres capaz de observarlo incluso antes de que se convierta en pensamiento.

Está en el alba que todos tenemos, justo entre nuestra oscuridad y nuestra claridad, eso que algunos llaman luz. Ese lugar que sabemos que existe cuando nos atrevemos a mirar de frente a nuestras propias sombras, pues cuando eres capaz de sostenerle la mirada a esa noche oscura del alma, te encuentras como recompensa tu amanecer.

Acción necesaria para activar al hombre-ágape

Durante los próximos siete días, antes de emitir cualquier opinión sobre lo que sea que vayas a opinar, observa eso que vas a decir desde cuatro puntos de vista distintos, hasta que seas capaz de observar con mayor distancia y perspectiva tu "verdad". Para que te resulte más fácil, te propongo observar cada una de tus opiniones desde estas cuatro perspectivas:

1. Observa esa opinión como una idea que está más allá de la dualidad. ¿Cómo sería si pudieras verla más allá del "bien" o el "mal"?
2. Observa esa opinión como si fuera el pensamiento de la persona más amorosa que conozcas. ¿Cómo sería esa opinión si fuese suya?
3. Observa esa opinión desde el amor incondicional que siente una mascota por su dueño. ¿Qué te diría?
4. Observa esa opinión como si fuera una puerta que te llevara al lugar más armonioso donde nunca has estado. ¿Qué escucharías en ese lugar?

Acción superior para
activar al hombre-ágape

Durante esos mismos siete días vas a interactuar reconociendo el valor de todos los objetos que normalmente te rodean, pero con los que probablemente jamás has interactuado. Por ejemplo, antes de abrir tu laptop, la vas a saludar y le vas a decir: "Buenos días, laptop, gracias por acompañarme y ayudarme a organizarme cada día en mis jornadas".

O, por ejemplo, a tu cama antes de dormir le puedes decir: "Buenas noches, cama, gracias por permitirme descansar y cobijarme para que tenga buenos sueños".

El objetivo es empezar a relacionarte más amorosamente con tu contexto, de una forma más consciente, reconociendo el valor que aportan las cosas a tu vida, porque cuando algo existe para ti, tú también existes para eso.

4

El hombre-infinito

Capacidad que habilita:
Cuidar de tu evolución

Narrativa estereotipada que transforma:
"No todos los hombres"

En Méxicodurante 2022 se contabilizaron 11 delitos sexuales contra mujeres por cada delito sexual contra hombres. En 2019 fue de 9 a 1.[19]

A su vez, el 96% de las mujeres han sido víctimas por lo menos una vez de algún acto de violencia en el transporte público, desde agresiones verbales, contacto físico forzado o persecución.[20] El 81% de las mujeres mexica-

---

19 Inegi, "Comunicado de Prensa. Encuesta Nacional de Seguridad Pública Urbana", en https://www.inegi.org.mx/contenidos/salade-prensa/boletines/2023/ENVIPE/ENVIPE_23.pdf.; Unicef, "ONU México hace un llamado a eliminar todas las formas de violencia sexual contra las mujeres y las niñas", en https://www.unicef.org/mexico/comunicados-prensa/onu-m%C3%A9xico-hace-un-llamado-eliminar-todas-las-formas-de-violencia-sexual-contra.

20 ONU Mujeres, "Encuesta sobre la violencia sexual en el transporte y otros espacios públicos en la Ciudad de México", en https://mexico.unwomen.org/sites/default/files/Field%20Office%20Mexico/Do-

nas han sido agredidas con frases ofensivas o de carácter sexual. Al 66% se le han recargado con el cuerpo con intenciones sexuales; a un 57% le han dicho palabras despectivas acerca de las mujeres; al 50% le han tocado el cuerpo sin su consentimiento; a un 37% le han dado una nalgada; a un 26% de las mujeres un hombre le ha mostrado los genitales; y al 24% le han susurrado cosas al oído y se han tocado o masturbado frente a ellas.[21]

Efectivamente, no todos los hombres somos iguales. Y tú, que acabas de leer esto, tal vez te preguntes qué tienen que ver esas estadísticas contigo.

Puede que ni tú ni yo hayamos cometido nada de lo que apuntan esos datos. Sin embargo, lo que muestran es que si el 84.1% de los victimarios a nivel nacional son hombres,[22] y el 99.6% de los delitos sexuales los cometemos hombres,[23] ese 91.85% de promedio es una tendencia a asociar a nivel mundial, la violencia con la idea de masculinidad predominante.

Dicho de otra forma, a ti y a mí, por el simple hecho de nacer hombres, nos atraviesa esa estadística que muestra una asociación entre violencia y masculinidad.

---

cumentos/Publicaciones/2018/Safe%20Cities/AnalisisResultadosEncuesta%20CDMX%20f.pdf.

21 *Idem*.

22 Inegi, "Encuesta Nacional de Victimización y Percepción sobre Seguridad Pública (Envipe) 2018. Principales resultados", 25 de septiembre de 2018.

23 Inmujeres, "Desigualdad en cifras", boletín, año 2, núm. 4, 15 de abril de 2016.

Por supuesto que no todos los hombres somos iguales y, al mismo tiempo, es evidente también que hay un patrón estadístico que conecta la masculinidad dominante con la violencia.

Durante las siguientes páginas te contaré por qué sí todos los hombres tenemos que dejar de decir que "no todos los hombres somos iguales", y por qué cada vez que nos anclamos en ese tipo de frases lo único que estamos haciendo es restarle gravedad a un problema, el machismo, que nos afecta a todos y, en términos cuantitativos, especialmente a nosotros: el 95% de los homicidios del mundo los cometen hombres[24] y la mayoría de las víctimas (80% en 2018) son hombres.[25]

El objetivo es dejar claro que seguir echando balones fuera con frases como "no todos los hombres somos iguales" solo refleja una obviedad y no nos permite profundizar en una conversación tan urgente como necesaria, la de romper patrones que relacionan el ser hombre con ser violento.

Sí, todos los hombres

Cuando escuchamos la palabra machismo, solemos levantar barreras para dejar muy claro que no todos los hombres somos iguales y que no hay que generalizar.

---

24 United Nations Office on Drugs and Crime y HEUNI, "Homicide and Gender", 2015.
25 United Nations Office on Drugs and Crime, *Global Study on Homicide: Gender-Related Killing of Women and Girls*, UNODC, 2018.

Algunos dirán, con razón, que esos datos nada tienen que ver con ellos. Pero, entonces, ¿quién nos metió como género en las estadísticas que hemos visto antes?

Aunque puede que esas estadísticas no representen tu conducta específica como varón, sí son una representación de comportamientos concretos que se ven en el género masculino y del impacto que esto tiene en la sociedad, y también en ti y en mí, que formamos parte de ella.

Esos datos representan un modelo de conducta vistoso y dominante, en el sentido de que lo que se asocia a violencia, dominación, control y sometimiento está vinculado también a la idea predominante de masculinidad.

Una idea de ser hombre que, al no ser capaces de cuestionar, hemos comprado hasta el punto de creérnosla y vivirla, independientemente de nuestro lugar de origen, en una o varias áreas de nuestra vida.

Vivimos en un contexto mundial que está diseñado para someter a toda persona que no encaje o no se comporte según los estereotipos predominantes de la cultura patriarcal. Eso va moldeando nuestra manera de ver, entender y relacionarnos con todo lo que nos rodea, fortaleciendo un sentido de identidad que tiende a controlar y a sacar provecho, ya sea de forma consciente o inconsciente, de aquellas personas que no encajan con lo que se considera superior, es decir, con la idea de masculinidad hegemónica y dominante.

Y resulta que para encajar en esta cultura machista, todos los hombres en algún momento de nuestras vidas hemos abusado o intentamos abusar de nuestro poder de alguna u otra manera, directa o indirectamente, hostigando o incordiando en cualquiera de sus versiones. Según datos de Seguridad Pública, el 99.6% de los delitos vinculados al hostigamiento sexual son cometidos por hombres, en su mayoría en el espacio y en el transporte públicos. En la Ciudad de México, 6 de cada 10 mujeres han sufrido abuso verbal o físico en el transporte público.

Sí, todos los hombres crecimos con el porno como "educador sexual". Solamente a Pornhub acceden 45 400 nuevos visitantes y se consumen más de 200 000 videos por minuto. Durante 2018 se registraron más de 33 000 millones de visitas al sitio,[26] lo que equivale a casi 92 millones de visitas diarias, y el 69% son de hombres.

Sí, todos los hombres hemos piropeado alguna vez, dando por hecho que eso es lo que *tiene que ser* porque es de hombres y podemos hacerlo.

Sí, todos los hombres alguna vez dijimos o escuchamos —y no rebatimos— que "los hombres no lloran o pelean o juegan o corren *como una niña*".

Sí, todos los hombres hemos tenido que mostrar nuestra "hombría" a punta de fuerza y de transgresión de nuestros propios límites, haciendo cosas que no necesariamente hubiéramos deseado y que acabamos perpetrando por temor a parecer "menos hombres".

Sí, todos los hombres nos sentimos desorientados o nos preguntamos cuál tiene que ser nuestro rol ante un contexto de reivindicación de los derechos de las mujeres.

---

26 Pornhub, "2018 Year in Numbers".

Sí, a todos los hombres nos incomoda hablar de estos temas, y, si bien se vale sentirse incómodo, quedarnos callados no puede ser una opción: el silencio ante algo así es tal vez la forma más cobarde de perpetuar la violencia. Negar esa realidad nos hace corresponsables de ella y nos convierte en cómplices del abuso, el acoso, la violencia y la desigualdad, y demuestra nuestra falta de conciencia, empatía, inteligencia y humanidad.

Por otra parte, también todos los hombres tenemos la oportunidad de demostrarnos y mostrarles a nuestros familiares, parejas, hijos/as, amigos/as, conocidos/as que podemos ser una versión distinta de la aparentemente única forma de ser y comportarnos *como hombres*.

Por eso sí todos los hombres tenemos que dejar de echar balones afuera y decir que no todos los hombres somos iguales.

Porque seguir espetando frases como esas solo es una obviedad que no aporta nada a la conversación profunda, necesaria e incómoda que nos tocaría entablar en estos momentos.

Al mismo tiempo, tener esa plática es empezar a sacarnos del saco estadístico en el que, como género, nos metimos a nosotros mismos.

El autoengaño de sentirse deconstruido

La deconstrucción como concepto surge en la teoría del filósofo francés Jacques Derrida, y se basa en el estudio del método de Martin Heidegger, principalmente usado en sus análisis etimológicos de la historia de la filosofía.

En esencia, el concepto de deconstrucción nace como una herramienta para visibilizar lo que los discursos hegemónicos dejaron históricamente en las sombras, oponiéndose a la centralización del poder y abriendo la posibilidad de que lo heterogéneo emerja.

Por otra parte, cuando hablamos de género, y específicamente de masculinidades, hablar de deconstrucción significa cuestionar, criticar y, sobre todo, redefinir y transformar los atributos que hemos aprendido a lo largo de la vida.

Desde esta óptica, no nos deconstruimos como hombres, sino que deconstruimos los valores y atributos que supuestamente nos definen. No se trata de renunciar a ellos, sino de entender a dónde nos están llevando y redefinir los que no conduzcan en una dirección de avance y de crecimiento.

Asimismo, es imprescindible observar también que atributos como la fuerza, la valentía, la seguridad, la capacidad de decisión, asociados de forma estereotipada a las masculinidades, no son valores negativos *per se*, sino que tratar de encajarlos todos como la única forma de *ser hombre* es lo que termina replicando y sosteniendo un estereotipo que se ha ido asociando a la violencia, del que se desprende que el 80% de los suicidios los cometen los hombres, que somos tres veces más propensos que las mujeres a caer en adicciones y que protagonizamos el 91% de los homicidios mundiales y el 99.6% de las agresiones sexuales en México.

Sin duda, hablar de deconstrucción masculina pasa por un ejercicio introspectivo y continuo de cuestionar los atributos y conductas que seguimos replicando, evitando caer en el autoengaño de pensar que la deconstrucción es un proceso de un momento, de una charla, de un par de libros o de unos cuantos cursos, ya que dura para toda la vida.

Así pues, los hombres deconstruidos no existimos, simplemente porque entender esta acción como un participio pasado nos impide darnos cuenta de que en realidad consiste en asumirla cada día como un presente continuo infinito.

Por eso sentirse deconstruido es el camino más directo a la autocomplacencia condescendiente y más bien representa una especie de egofrenia y *bypass* espiritual que probablemente albergue un ego mal gestionado disfrazado de conciencia.

El hombre finito

Hasta el momento de escribir esta página, que yo sepa, a nivel físico el ser humano es todavía una unidad biológica habitable y finita. Por mucho que el transhumanismo, ese movimiento que cuestiona los límites naturales de la humanidad y promueve maneras de superarlos por medio de la tecnología, esté avanzando a pasos exponenciales, por ahora y en esencia somos un cuerpo que biológicamente está limitado por la mortalidad de sus propios órganos, aparatos y sistemas, y por las circunstancias de su entorno.

Al mismo tiempo y desde épocas inmemorables, si hay algo que nos ha distinguido como humanidad, es nuestra capacidad para reflexionar sobre lo que está más allá de los límites de nuestra propia existencia. Esa curiosidad nos ha llevado y nos sigue llevando a explorarnos para intentar comprendernos a nosotros mismos desde perspectivas y marcos científicos, espirituales y metafísicos.

Nuestra finitud humana contrasta con nuestra búsqueda de significado en torno a nuestra existencia. Hemos observado las estrellas y nos hemos adentrado en los misterios de la vida y la muerte, en un esfuerzo por comprender todo aquello que trasciende nuestros límites humanos y nos acerca de alguna u otra forma al infinito.

A medida que ha avanzado el conocimiento humano, nuestra comprensión del infinito también ha evolucionado. Las matemáticas, por ejemplo, han desarrollado conceptos como el infinito matemático, usado para describir conceptos como la continuidad y el límite. Cada vez más, especulamos sobre la existencia de universos paralelos, cada uno con sus propias leyes físicas y una infinitud de posibilidades donde los límites se difuminan y el infinito parece concretarse.

En las culturas antiguas la conexión entre el hombre y el universo, o lo finito y lo infinito, siempre estuvo bien presente. Egipto, Grecia, Roma, la cultura maya y también la andina tuvieron todas algo en común: la fascinación por descubrir si hay algo más allá de nuestra aparente finitud. Esto nos ha llevado como especie a comprender que nuestras principales limitantes siempre son mentales, pues es en nuestra mente donde forjamos las fronteras entre todo aquello que conocemos y desconocemos, entre lo humano y lo divino, lo finito y lo infinito.

Nuestra realidad se expande conforme a nuestra capacidad para imaginar, por eso nuestro entendimiento crece conforme se expanden nuestros límites mentales y somos capaces de poner a dialogar ramas o conceptos que antes, como humanidad, veíamos antagónicos. Hoy, por ejemplo, parte de la comunidad científica estudia y valida algunas de las cosas que siglos atrás eran consideradas metafísicas o incluso esotéricas.

Sirva como ilustración la cuántica, rama de la física que hoy se centra en la observación y el estudio de la energía y su forma de comportarse y propagarse, y que ha demostrado que estamos rodeados de partículas cuánticas que se comportan de forma totalmente sorprendente.

Estos conocimientos no eran ajenos a nuestras culturas ancestrales y, sin embargo, cuando las escuchamos de pueblos originarios, tendemos a despreciar esta sabiduría y a etiquetarla en la categoría de mitos y leyendas. No obstante, es probable que eso que llamamos metafísica simplemente sea todo aquello que la ciencia, como paradigma imperante hoy en día, todavía no ha sido capaz de demostrar.

Ampliar nuestros límites implica necesariamente abrazar la deconstrucción y la transformación de nuestros prejuicios, sesgos y fronteras mentales.

Se trata de emprender un camino que arrancamos como hombres finitos y en el que nos podemos ir transformando en ese hombre infinito que todos llevamos dentro, oculto detrás de nuestras sombras, miedos e inseguridades, que no son más que aquellas partes de nosotros que todavía no nos hemos atrevido a observar, enfocar e iluminar a través de nuestra atención y curiosidad.

El Qhapaq Ñan

El Qhapaq Ñan, también conocido como Camino del Inca, es una antigua red de caminos que se extiende a lo largo de más de 25 000 kilómetros en los Andes de América del Sur. El camino conectaba los diversos territorios del Imperio inca, desde Quito, en el norte, hasta la actual Argentina y Chile en el sur.

Además de ser una importante vía de transporte y comunicación para los incas, el Qhapaq Ñan también tenía un significado espiritual y simbólico. Para la cosmovisión andina, los caminos eran considerados como lugares sagrados que conectaban a la tierra o lo finito con la divino o infinito, por lo que el Qhapaq Ñan simbolizaba más que un simple camino para el transporte o el comercio, y era un viaje espiritual que permitía a la persona conectarse con la Pachamama (madre tierra) y con sus antepasados.

Durante este camino, se pedía a los caminantes observar su comportamiento para ir transformándolo, aprendiéndose a ellos mismos sobre lo que sí les servía y lo que no; sobre lo que sí les convenía repetir e incorporar en sus vidas, y sobre lo que tenían que asimilar cuanto antes para no ir repitiendo y encontrándose una y otra vez con los mismos problemas.

El Qhapaq Ñan es una poderosa analogía entre el camino y nuestra existencia, que nos invita a expandir nuestros límites y a conectarnos con nuestro hombre infinito a través de una limpieza física y mental del respeto por la naturaleza en todas sus formas, y la humildad ante los desafíos que nos vamos encontrando en este camino de vida.

Si algo nos muestra el Qhapaq Ñan, es que cualquier decisión que decidimos tomar no es más que el camino que nos llevará a conocer y descubrir partes de nosotros mismos que era necesario transitar y recorrer para ampliar nuestros propios límites y acercarnos un poco más a nuestra parte infinita, esa que, a diferencia de nuestra vida biológica y finita, compone nuestra existencia, una conciencia en continua e ilimitada expansión.

El hombre infinito, abridor de caminos

El hombre infinito es el arquetipo que representa nuestra capacidad para abrir nuevos caminos a través de una exploración y observación consciente de quienes somos, habilitando en nosotros un crecimiento continuo e ilimitado.

Trabajar con este arquetipo nos habilita la exploración de nuevas posibilidades que nos llevan a nuevos caminos, y la facultad de comprender que las fronteras de nuestra imaginación son los límites de nuestro crecimiento.

El hombre infinito nos invita a darnos cuenta de que las decisiones que tomamos, ya sean conscientes o no, tienen como objetivo común el hecho de llevarnos a crecer como personas. Esto implica que, en el centro de cualquier experiencia que hemos vivido o vivamos, está siempre la posibilidad de romper nuestras limitantes mentales, y con ello seguir expandiendo nuestra propia experiencia a través de las posibilidades que cada uno de nosotros es capaz de observar y entender en cada situación que vive, así como de las capacidades que vamos desarrollando y ganando al haber recorrido esas situaciones.

El hombre infinito nos conecta con esa expansión de quienes somos, que se fortalece cuando entendemos que cada día que pasa es un tramo más de nuestro propio camino elegido y que, como tal, nos ofrece una serie de desafíos mentales, emocionales y físicos que, transitados a través de la observación, el entendimiento y la determinación, nos llevan a lugares inimaginables que siguen posibilitando nuestro crecimiento constante.

Observar nuestra vida y caminarla desde el hombre infinito que cada uno de nosotros somos es atrevernos a caminar nuestro propio Qhapaq Ñan e implica estar en contacto con nuestra propia naturaleza interna y enfrentar las condiciones climáticas extremas de nuestras emociones, las alturas de nuestro ego, las cuestas empinadas y los terrenos rocosos de nuestros sesgos y prejuicios.

Para conectar con el hombre infinito es necesario darnos cuenta de que nuestra mente se torna finita cuando solo pensamos desde nuestros prejuicios. Concebir la vida de forma prejuiciosa y limitada es lo que coarta también nuestra capacidad de vivir una observación infinita de quienes somos para comprender mejor nuestra existencia, a través de las múltiples experiencias vitales que vamos teniendo.

Vivir desde el hombre infinito es saber que cada paso que damos es una dirección que elegimos transitar, ya sea de forma consciente o inconsciente, y que nos hemos metido en esa situación para darnos la oportunidad de crecer y seguir transformándonos a través de ella.

Te adentras en el hombre infinito cuando estás dispuesto a desafiar los propios límites mentales que constantemente aparecen en el camino. A veces es difícil entender esas dificultades como un entrenamiento que nosotros mismos elegimos recorrer, por eso te recomiendo entrenar a tu hombre infinito con subidas a la montaña o con caminatas en la naturaleza, donde los senderos que te encuentres en esas salidas te sirvan de metáfora visual y te ayuden a recordar tu propio camino, ayudándote a darle mayor perspectiva.

Te encuentras con el hombre infinito cada vez que recorres tu vida con perseverancia, algo que puedes entrenar de maneras muy concretas como saliendo de vez en cuando a caminar largas distancias a través de terrenos montañosos y difíciles, que pongan a prueba qué tan fuerte mentalmente eres ante momentos de agotamiento, dolor físico y cansancio.

Aprender a superar estos obstáculos te ayudará también a caminar mejor cualquier otro obstáculo que te encuentres en ese camino que es tu propia vida.

Accionar el hombre infinito implica atreverte a mirar más allá de la finitud de tus propias fronteras mentales y estar dispuesto a incomodarte. Encarnar esta versión de ti pasa necesariamente por escuchar tu propio diálogo interno y desechar aquello que aún oyes decirte, pero sabes que ya no quieres escuchar.

A su vez, esa parte de ti que es infinita te guiará e impulsará a tener las conversaciones que debas tener, contigo y con otras personas, así como a escuchar con atención a quien tengas delante. Porque ese hombre infinito que vive en ti sabe que las palabras que eliges decir y escuchar de otros son puentes directos hacia esos espacios mentales a los que aún no has llegado y que, al hacerlo, siguen expandiendo tus límites y concepciones.

Estas son las capacidades que el hombre infinito habilita que explores:

- ○ **Evolucionar tus límites.** El hombre infinito te invita a vivir con un sentido de libertad respecto a tus propias creencias, a no ser esclavo de ellas, para expandirte cada vez que eres capaz de cuestionarte algo que dabas por sentado, porque comprobaste que ya no te es funcional y ya no te es útil.

- ○ **Ver y recorrer tu vida como un camino de aprendizajes.** El hombre infinito te propone entender que, si acabas cualquier camino de la misma forma en que lo empezaste, aunque creas que lo hayas terminado, todavía te queda mucho por recorrer. Este arquetipo te recuerda que en la vida, como en cualquier camino, lo importante no es llegar, sino aprender lo máximo que puedas en cada tramo que recorras.

- ○ **Abrir la puerta a lo desconocido.** Este arquetipo potencia la capacidad de sentirte curioso y atraído por lo desconocido, y de aventurarte a territorios inexplorados, ya sean físicos, mentales o espirituales.

- **Imitar hasta ser capaz de crear.** Este arquetipo te recuerda que todos aprendemos subidos a espaldas de gigantes y que, en esencia, eso que llamamos sabiduría es un gran *mashup* de conocimientos que, a través del intercambio directo o indirecto, no para de transformarse y de transformarnos.
- **Entender la creatividad como una habilidad.** El hombre infinito te inspira a entender la creatividad como ese lenguaje universal que se presenta de distintas formas y está en todas partes, por lo que te invita a usar tu imaginación para generar ideas que desde la observación contribuyan a tu progreso y evolución conscientes y constantes.

El arquetipo del hombre infinito simboliza al abridor de caminos infinitos, entendido como la capacidad humana de explorar cada situación que tenemos por delante, y aprender a verlas como un camino que nos lleva a una evolución constante.

Este arquetipo nos invita a recorrer nuestra propia ignorancia para despertar desde allí posibilidades de crecimiento que no tienen fin, porque sabe que crecer significa encontrarse con nuevos problemas en lugar de vivir repitiendo las mismas situaciones una y otra vez.

El hombre infinito no aparece en las estadísticas y, sin embargo, crece y crece en tu interior cada vez que logras ver el horizonte de lo que sea que recorras, con la suficiente amplitud para saber que el final de un camino es en realidad el principio de otra experiencia, y que la finitud de tus propios límites son la puerta de entrada a infinitas, me-

jores y más complejas y expansivas formas de comprender-
te, sentirte, experimentarte, conocerte y vivirte a ti mismo.

Acción necesaria para activar al hombre infinito

Esta semana tu misión es crear un camino que al menos tenga 11 kilómetros. Puedes hacerlos en una sola salida o puedes sumarlos en varias. Se vale irte caminando al trabajo o caminar antes o después de él. Se vale salir el fin de semana y elegir un sendero de al menos esa distancia.

El objetivo es construir un camino de 11 kilómetros donde, por cada kilómetro que recorras, sumes al menos una observación que te haya llamado la atención: de ti, del paisaje o de lo que te hayas encontrado en él. Puede ser algo que ya habías visto y que ahora veas con otros ojos. O algo que no hubieses visto hasta ahora y que, aunque siempre estuvo allí, pudiste observar recién por vez primera. O algo que hayas notado en ti mientras observabas. O algo de lo que te hayas dado cuenta mientras caminabas.

Tu misión será recopilar 11 observaciones que hayas descubierto kilómetro a kilómetro, durante los 11 que recorriste en tu particular Qhapaq Ñan.

Anótalas cada vez que te lleguen. Y haz tu recuento al final del camino.

Acción superiores para activar al hombre infinito

Al final de esa misma semana, dedica un tiempo a pensar sobre esas 11 observaciones que detectaste y conviértelas en 11 mandamientos elegidos por ti: 11 aprendizajes que te dejó el camino y que empezarás a aplicar desde ahora en tu vida cotidiana.

5

El hombre-lámpara mágica

Capacidad que habilita:
Cuidar de tu fuerza vital

Narrativa estereotipada que transforma:
"No te cuides"

Casi 1.4000 millones de dólares anuales nos cuesta en México ir de machos por la vida.

O, lo que es lo mismo, cada año, beber alcohol como machos, conducir como machos, no pedir ayuda porque eso es lo que hacen los machos, no hacernos un chequeo rutinario hasta que "no nos queda de otra", no hablar de nuestras emociones con nadie e intentar acostarnos con todo lo que se nos pone por delante, porque eso es lo que se supone que hace un "hombre de verdad", nos sale carísimo.

Teniendo en cuenta que los hombres somos prácticamente la mitad de la población mundial, ir de machos por la vida tiene un enorme impacto no solo en nuestras vidas, sino también en toda la sociedad, pues constituye un problema millonario de salud y seguridad pública para ti, para mí y para las personas que nos rodean.

Según la Organización Panamericana de la Salud, la idea dominante de masculinidad, a través de la cual nos socializamos como hombres, representa un riesgo para la salud integral de los hombres y de las personas cercanas, tiene un efecto directo en la afectación de la salud y conforma, además, una tríada de riesgo hacia

1) el propio hombre, en forma de depresión, suicidio, accidentes, alcoholismo, adicciones varias y enfermedades psicosomáticas;
2) las mujeres y los niños, en términos de violencia, abuso de sustancias psicoactivas, infecciones de transmisión sexual, embarazos forzados, paternidades ausentes y falta de corresponsabilidad en el hogar;
3) otros hombres, en forma de accidentes, homicidios y otras violencias, y transmisiones de VIH.[27]

En términos económicos, seguir viviendo bajo la idea y las normas de la masculinidad dominante nos cuesta anualmente en México un estimado de —como mínimo— 1 361 700 000 dólares, solo teniendo en cuenta estas seis categorías.[28, 29]

---

27 B. de Keijzer *et al.*, "Masculinidades y salud de los hombres en la región de las Américas", *Panamerican Journal of Public Health*, núm. 46, 2022.
28 E. Campos, "El costo de la caja de la masculinidad", *Gaceta Iztacala UNAM*, 26 de abril de 2023.
29 V. Mendoza, "El machismo cuesta 1,400 mdd al año en México", *Forbes*, 10 de junio de 2019.

Bullying y violencia	670 000 000 dólares
Violencia sexual	314 800 000 dólares
Depresión	2 900 000 dólares
Suicidio	79 200 000 dólares
Abuso de alcohol	160 600 000 dólares
Accidentes viales	134 200 000 dólares

Visto así, seguir diciéndoles a niños y a hombres que "ser un hombre" significa "endurecerse", no pedir ayuda, dominar a otros y usar la violencia para resolver conflictos tiene un coste altísimo que además puede dañar vidas, relaciones y sociedades.

Por eso en este capítulo me he propuesto desmontar contigo esa idea nociva que relaciona el ser un "hombre de verdad" con estar alejados de todo lo relacionado al cuidado, tanto el nuestro como de quienes nos rodean.

El objetivo es que aprendamos a vernos, sentirnos y habitarnos como lo que somos: un territorio soberano donde cuidarnos y cuidar de otros no solo es un acto de liderazgo hacia nosotros y de servicio a nuestra comunidad, sino también un superpoder que potencia nuestras vidas y las de las personas con las que compartimos nuestros espacios.

Los territorios corporales

¿Qué pasaría si entendieras y vivieras tu cuerpo como el primer y más importante territorio que conoces?

De hecho, te invito a que empieces a ver y habitar tu cuerpo de esa forma, pues es el único espacio que habitaremos de forma permanente durante toda nuestra vida. Un lugar sagrado con el que estamos en deuda por seguir viéndolo y viviéndolo desde la distancia y la desconexión, pensando que la facultad de cuidarnos y cuidar tiene género.

Así como tu cuerpo es el primer espacio que habitas y representa tu territorio soberano y personal, las personas que te rodean son también otros territorios soberanos con los que tenemos que aprender a establecer relaciones basadas en el respeto.

Para dimensionarlo bien, piensa en términos geopolíticos y diplomáticos, solo que aplicado a ti mismo y a todas las relaciones con las personas que interactúas: no podemos invadir esos otros territorios personales a menos que queramos una guerra. No podemos violentarlos. No podemos someterlos, dominarlos, subyugarlos o maltratarlos sin esperar que esos otros territorios se defiendan y ataquen también al nuestro.

Tus familiares, amigos, conocidos o simplemente cualquier persona con la que te cruzas representan ese segundo gran territorio social que habitamos en nuestras interacciones cotidianas. Del mismo modo, nuestro planeta Tierra es, a su vez, el tercer territorio ambiental. Ese cuerpo mayor que tú y todos los otros territorios habitamos.

Entender los distintos cuerpos personales, sociales y ambientales como territorios nos permite dimensionar y asumir la responsabilidad que cada uno de nosotros tiene a la hora de establecer relaciones de cuidado con nosotros mismos, hacia otras personas y en relación con nuestro planeta.

El soberano autocuidado

Nuestra primera gran responsabilidad consiste en asumir la soberanía sobre nuestro cuerpo, y esto solo es posible cuando empezamos a habitarlo no solo de manera física, sino también emocional, mental y espiritual. Esto significa aprender a escucharlo, responderle y atenderlo. En una palabra: cuidarlo.

Esta soberanía empieza reconociendo los requerimientos personales que cada uno de nosotros tenemos, y de los cuales no necesariamente somos conscientes. Se trata de asumir prácticas de autocuidado, que son acciones personales sostenidas en el tiempo a través de hábitos que nos permiten mejorar nuestra vida y cultivar un conocimiento personal, que es la base del equilibrio entre cada uno de nosotros y nuestro entorno sociocultural y ambiental.

Como habrás escuchado en repetidas ocasiones, no podemos atender a otros si no somos capaces primero de hacernos responsables de nosotros mismos. Cuidar de nosotros mismos implica encontrar nuestro propio ritmo, provocarlo, escucharnos activamente y aprender a sostenernos, porque ese es el primer paso imprescindible y necesario para ser capaces de responsabilizarnos de otras personas.

Se habla mucho de inclusión, pero no se logrará sin corresponsabilidad, que es la capacidad de cada uno de nosotros de hacernos responsables de lo que nos toca. La corresponsabilidad implica correspondencia, es decir, ser capaz de responder de forma responsable a las necesidades de cuidado del contexto que uno habita, algo que ocurre muy pocas veces porque, para hacernos responsables de la parte que nos toca, tenemos primero que adquirir el hábito de ser responsables de nosotros mismos y darles respuesta a nuestras necesidades a través del autocuidado.

Es por eso por lo que frases como "cuidarse es cosa de mujeres", lejos de ser inofensivas, son idóneas para el sabotaje de nuestro autocuidado, y nefastas para asumir la soberanía de ese primer gran territorio que es nuestro cuerpo. También lo es seguir pensando que ellas son las emocionales y nosotros los racionales, o que pedir ayuda y soporte emocional es cosa de mujeres.

Si bien la salud de los hombres y de las mujeres es distinta, esto no se debe solo a factores biológicos; intervienen la construcción y las desigualdades de género, así como la intersección de determinantes sociales que, en el caso de nosotros los varones, fomentan, por ejemplo, resistencias al diagnóstico temprano y a las prácticas de autocuidado como parte esencial de quienes somos, lo cual influye también en el deterioro de nuestras vidas.

Datos de la Organización Mundial de la Salud ponen en evidencia que 33 de las 40 principales causas de muerte en el mundo afectan más a los hombres. En la misma línea, datos del Inegi señalan que casi 15 millones de hombres mexicanos sufren depresión, y el 81% de los suicidios en México son cometidos por hombres.

Manifestar nuestros malestares, ya sean físicos o emocionales, y pedir ayuda cuando no sabemos cómo gestionarlos es un gesto consciente de autoconocimiento, soberanía, cuidado, amabilidad, responsabilidad y liderazgo hacia ese primer territorio que somos cada uno de nosotros.

Incorporar prácticas de autocuidado como parte de nuestras rutinas cotidianas ayudaría a reducir la sobremortalidad de los hombres por causas prevenibles como las muertes violentas, los accidentes viales y el consumo de alcohol y otras drogas (cocaína, cannabis, anfetaminas, entre otras), vinculadas a una experiencia de vida conectada al modelo hegemónico de masculinidad dominante, donde ser hombre está ligado a extralimitarnos y no ser capaces de decir que no por miedo a que nos vean como débiles o cobardes.

En contraposición, seguir sosteniendo características de la masculinidad dominante, como la agresividad, la competitividad y la autosuficiencia, contribuye a que los hombres sigamos sosteniendo también conductas violentas y temerarias en aspectos relacionados con nuestra salud, nuestras relaciones y nuestra sexualidad, con el uso de alcohol y otras drogas, y, en definitiva, que vivamos con un desprecio general hacia todo lo relacionado con el cuidado propio, por seguir asociándolo a conductas supuestamente femeninas.

Por todo esto, es urgente y necesario que entendamos y asimilemos que el cuidado no tiene género y es un acto de soberanía humana. Cuidarnos significa conocernos y reconocernos, algo que, lejos de ser egoísta, es un ejercicio vital de responsabilidad y madurez.

Tu fuerza vital

Cuando te sientas perdido, solo, triste o derrumbado, tu fuerza vital[30] es lo que seguro tendrás para rescatarte. Esta fuerza será la que te cuidará, sostendrá y guiará para salir de cualquiera que sea el estado en el que te encuentres.

Tu fuerza vital está dentro de ti y es algo que te pertenece porque la has tenido contigo siempre, nutriendo tu territorio personal desde el día en que naciste. No sé cuántos años tengas, pero te invito a entender tu fuerza vital como el total de energía que tú eres, desde el día en que te concibieron tus padres hasta el momento presente. Es toda esa cantidad de energía almacenada en ti que te ha permitido y ayudado a crear y vivir todo lo que eres hasta ahora.

Cuidar de tu fuerza vital es cuidar de ti, de allí la importancia de atenderla para mantenerla activa y refinada, a través de su uso responsable en los tres territorios corporales que habitamos y que ya he mencionado antes. Me refiero a la relación con tu cuerpo o primer territorio, a la relación que tienes con otras personas o territorios personales y, finalmente, a la relación que mantienes con el territorio mayor en el que todas las personas y seres convivimos.

Para entender qué tanto estás en contacto con tu fuerza vital, te invito a que te respondas con total honestidad a las preguntas que te planteo a continuación:

---

30 Siquiatra Phil Stutz

○ Hablemos de la relación con tu cuerpo, por ser este la casa que realmente te acoge, te sostiene y te sostendrá. Pregúntate: ¿eres consciente de que tienes una relación con tu cuerpo? ¿Cómo la describirías? ¿Has logrado establecer un vínculo de reconocimiento y aceptación del cuerpo que tienes? ¿Incluyes rutinas de movimiento diarias, que pueden ser o no ejercicios? ¿Cómo nutres tu cuerpo? ¿Te has detenido a observar qué le das de comer, cuántas veces al día? ¿Reconoces qué alimentos te sientan bien o no? ¿Eres consciente de que los hábitos alimenticios están ayudando a construir el cuerpo que tienes? ¿Qué tanto dejas descansar tu cuerpo y le permites relajarse? ¿Cuántas horas al día duermes? ¿Duermes bien? ¿Qué hábitos has construido para mejorar tu descanso? ¿Tienes alguna rutina para irte a dormir?

○ Observa tu relación con los otros. Las personas con las que más interactuamos son los espejos que mejor nos muestran lo que podemos transformar en nuestra vida porque nos reflejan y permiten entender qué clase de vida estamos viviendo. Pregúntate: ¿qué tanto cultivas y cuidas tus relaciones? ¿Cuántos amigos y amigas tienes en los que puedes confiar plenamente? ¿Qué tipo de relación tienes con tus padres? ¿Qué tanto has hecho para sanar aspectos de esa relación? ¿Sueles tomar la iniciativa para reunirte con quienes te apetece ver? ¿Esperas a que te llamen ellos? Cuando hay conflictos, ¿buscas culpables o asumes y pides responsabilidad?

- Indaga sobre la relación contigo mismo. Se trata de establecer una relación con tu parte inconsciente, para conocerla, activarla y llevarla a tu consciente. ¿Te permites estar en silencio contigo mismo para escucharte? ¿Realizas alguna práctica de trabajo personal que te permita conocerte mejor? ¿Te preguntas cómo te sientes? ¿Te permites escribir y volcar en papel determinados momentos de tu vida? ¿Te grabas notas de voz para escucharlas en otros momentos? ¿Usas alguna otra herramienta que te permita cultivar un entendimiento más consciente de tu parte inconsciente?

Responderte con honestidad a estas preguntas es empezar a tener una conversación profunda contigo y tu fuerza vital y, por lo tanto, ir ganando soberanía y confianza.

Este necesario diálogo interno te permitirá ganar soberanía sobre ese primer territorio personal que tú eres para, desde allí, sentirte guiado y confiado en tu camino de interacciones con el resto del territorio social y el territorio mayor que todas las personas habitamos.

Conectar con tu fuerza vital no significa que de repente solucionarás todos los problemas que tengas, pero sí te hará sentir que tienes la capacidad innata de hacer y cambiar algo ahora, por pequeño que parezca, en este preciso instante.

Para activar tu fuerza vital en cualquier momento, empieza por nombrar cómo te estás sintiendo. No tienes por qué saberlo, simplemente intenta ponerle palabras a lo que está pasando en tu interior; inicia, por ejemplo, con la frase "Ahora mismo siento…".

También puedes compartir eso que sientes apoyándote en esas personas que sabes que te escucharán, ya sean amigos, compañeros o pareja, así como con algún terapeuta que te ayude procesar lo que sea que estés sintiendo. Una vez que te escuches nombrar cómo te sientes, es importante que actúes en coherencia pidiéndote y dándote el cariño que necesitas para sentirte mejor en ese momento.

Recuerda: cuando te sientas perdido, más que intentar entender por qué lo estás, repasa cómo estás de fuerza vital y, tras ese escaneo, muévete paso a paso, poco a poco y de manera firme y consistente, para darte lo que necesitas en ese momento. Esto incluye tener la capacidad de pedir la ayuda de otras personas que te acompañen a transitar ese momento.

La lámpara mágica

Conforme más pasa el tiempo, más seguro estoy de que cada uno de nosotros es un recipiente poderoso, una especie de lámpara mágica que contiene la fuerza vital de todo lo que fuimos, somos y seremos, así como todas nuestras posibilidades y deseos.

Como toda lámpara mágica en cuyo interior vive un genio, es necesario que, como hombres, entremos en contacto con la capacidad de preguntarnos qué queremos y así empezar a cumplirnos al menos esos tres deseos a nosotros mismos.

Es decir, tener claridad respecto a lo que nos queremos pedir y dar a cada uno de nosotros. Porque, aunque no nos demos cuenta, al final nos acabamos dando lo que consciente o inconscientemente nos pedimos.

El problema suele ser que, en general, sobre todo los hombres, no sabemos pedirnos conscientemente, entre otras cosas porque "el saber popular", o más bien la falta de conciencia colectiva, se encarga de programarnos desde niños y nos hace pensar que los hombres dan y proveen, no piden.

Y así crecemos, metidos en una historia en la que los hombres resolvemos; no pedimos porque "un verdadero hombre es el que paga"; o el que domina y controla, empezando por sus emociones y sus sentimientos; el que no se cuida y "es normal" que no sepa cuidar "porque eso es lo que hacen los hombres".

Nadie nos enseña lo contrario, y es tarea nuestra lograr comprender la alquimia precisa de nuestros pensamientos y de nuestras emociones, la fuerza y el poder que tienen nuestras palabras, y las consecuencias que tienen nuestros hechos y nuestras acciones.

Haciendo un repaso a mi vida, puedo ver perfectamente que todo lo que esa lámpara mágica me ha dado y me da tiene que ver con lo que le he pedido durante todos estos años.

Por ejemplo, recuerdo las ganas que tenía a los 16 años de ser visto por el mundo. Ya por aquel entonces sentía cómo mi energía creativa y curiosidad salían a borbotones de mi cabeza. Al mismo tiempo estaba lleno de inseguridades. La combinación entre el deseo de ser visto y lo poco que me valoraba abrió una etapa de dos años de severo acné en mi rostro, donde fui mucho más visto de lo que me hubiese gustado.

Así pues, esa lámpara mágica que es mi cuerpo respondió a mi deseo de ser visto, aunque no de la forma en que me hubiese gustado.

¿Por qué? Porque nunca se lo dije claramente.

Pedir es recibir. Por eso, si hay algo que tendrían que enseñarnos o que tendríamos que aprender desde niños, además de dar, es a pedir. Saber pedir demuestra tu grado de conciencia, de inteligencia y de claridad. También tu conexión con lo que sientes. Con lo que piensas. Con lo que quieres. Con lo que haces. Con lo que eres.

Cuando pides bien, te *ben*dices a ti mismo. Cuando pides mal o no sabes pedir, te *mal*dices. Porque, nos guste o no, todo lo que pedimos o dejamos de pedir acciona un sinfín de mecanismos en nosotros y en los demás, que acaban trayéndonos eso que consciente o inconscientemente hemos pedido.

Aprender a pedirse a uno mismo es tan básico como respirar. Cuanto más natural sea nuestra capacidad para pedir, más fluida será también nuestra habilidad para atender y respondernos a nuestra petición.

El hombre-lámpara mágica, genio del autocuidado

El hombre-lámpara mágica es el arquetipo que habilita nuestra capacidad para pedirnos o pedir a otros con claridad aquello que nos conviene brindarnos para estar cada vez más conectados al cuidado de nuestra fuerza vital.

Accionas este arquetipo cuando asumes el autocuidado en todas sus dimensiones, empezando por la relación que tienes con tus cuerpos mental, emocional, físico y espiritual, así como con los otros territorios personales, que son todas las personas que te rodean.

El hombre-lámpara mágica entiende que es necesario darse a uno mismo el permiso de sentir y de aprender a gestionar sus emociones, pues es desde allí que podemos ordenar nuestros sentimientos, nuestras lógicas y nuestras peticiones. Este arquetipo te permite entender que el problema no es lo que uno siente, sino lo poco que sabemos gestionarlo.

Por eso el hombre-lámpara mágica te pide cuestionar tus lógicas, porque sabe que a través de ese proceso empezamos a ordenarnos y gestionarnos mejor, lo cual habilita en nosotros la capacidad de respondernos y darnos a nosotros mismos aquello que somos capaces de detectar que más nos conviene en un determinado momento o de pedírselo a otras personas cuando es necesario.

Entras en contacto con el hombre-lámpara mágica cuando entiendes que la emoción es el motor que potencia todas nuestras lógicas, sentimientos y acciones, y por eso te otorgas el permiso de aprender herramientas y prácticas que te ayuden a gestionar mejor tus emociones, para que seas tú quien accione de manera ordenada, en lugar de que lo hagan por ti tus inercias emocionales, heridas de la infancia y patrones culturales.

Accionar el hombre-lámpara mágica es un ejercicio de autocuidado constante y sostenido cuyo fin es potenciar aquellos hábitos que te ponen en contacto con tu fuerza vital o interior y tu animalidad o fuerza exterior, de una manera consciente, orgánica y lúdica, para darte el regalo de fluir con tu propia experiencia de vida.

El hombre-lámpara mágica te recuerda la importancia de saber pedir, para darte lo que en cada momento necesitas. Estas son las capacidades que este arquetipo habilita:

- **Cuidar tu fuerza vital.** Este arquetipo te brinda la habilidad de autocuidarte y a de respetar y cuidar la fuerza vital del resto de las personas o territorio social que nos rodea, recordándonos que todos tenemos el poder de dar y recibir para vivir mejor, porque darnos es recibir.

- **Ser tu guía en la oscuridad.** Al igual que una lámpara te guía cuando no ves, el hombre-lámpara mágica te recuerda que siempre puedes pedirle a tu fuerza vital que te brinde a ti mismo el alivio y la dirección necesarios, sobre todo en momentos difíciles.

- **Tener peticiones inspiradoras.** El hombre-lámpara mágica potencia la capacidad de ser más claro e inteligente en tus propias peticiones, con el objetivo de conseguir darnos a nosotros mismos aquello que más nos conviene en cada momento para seguir expandiéndonos. Este arquetipo nos impulsa a ganar crédito, es decir, a creer más en nosotros mismos y en lo que somos capaces de brindarnos cuando más lo necesitamos.

- **Bendecir y bendecirte.** El hombre-lámpara mágica actúa como un puente entre lo que queremos y nuestra capacidad para expresárnoslo claramente y pedírnoslo a nosotros u a otros. Este arquetipo te muestra que aprender a pedir es bendecirte, por lo que no solo te invita a saber pedir, sino también a pedir bien, así como a quitarte cualquier tipo de vergüenza por hacerlo.

- ⊙ **Vivir a tu propio ritmo y respetar el ritmo de los demás.** Este arquetipo nos muestra la comprensión de nuestros propios ritmos internos, para accionar desde allí peticiones de cuidado personal y de cuidado hacia otros que sean armónicas y que respeten los momentos vitales personales y ajenos.

Tal vez te lleves de maravilla contigo, tal vez no. Sea como sea, te invito a que hagas la prueba. Ve y pídele 3 000 millones de deseos al hombre-lámpara mágica que eres. Y, si aún no lo encuentras, pregúntale a tu cuerpo. Él sabe perfectamente que ese hombre vive en ti, porque eres tú el genio que, desde siempre, ha vivido dentro.

Acción necesaria para activar al hombre-lámpara mágica

Durante una semana, cada día, dedica un minuto a sentir tu cuerpo y a escuchar qué te estás pidiendo a ti mismo a través de él. A continuación, verbaliza esa petición, pídetela en voz alta y no te vayas a dormir sin habértela dado. Se trata de que entres de manera consciente en una dinámica relacional contigo mismo, en la que te pidas y te des una cosa diaria que seas capaz de cumplirte.

Te recomiendo empezar pidiéndote y dándote cosas sencillas. Por ejemplo: "Hoy me regalaré irme a dormir pronto" u "Hoy me pido desconectarme de mis redes sociales a las 6:00 p. m.". El objetivo es que vayas ganando confianza con cada día que pase y logres darte eso que te pediste, no que te sabotees desde el primer día pidiéndote imposibles.

Acción superior para activar al hombre-lámpara mágica

Durante esos mismos siete días, empieza con un abrazo a ti mismo, un minuto de escuchar y de sentir a tu cuerpo. Incluso puedes pasar todo ese minuto abrazándote. Una vez que hayas verbalizado tu petición, pon los dedos de tu mano derecha juntos y date 21 golpes suaves en tu pecho diciéndote en voz alta: "Hombre-lámpara mágica, actívate en mí".

6

El hombre-agua

Capacidad que habilita:
Cuidar de tus emociones

Narrativa estereotipada que transforma:
"No llores"

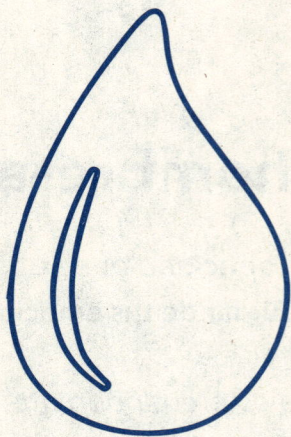

La Academia Americana de Oftalmología estima que de media se producen entre 55 y 110 litros de lágrimas al año por persona. Esto significa que, independientemente de tu género, si llegas a los 80 años, habrás llorado casi 9 000 litros de agua en tu vida, lo suficiente para llenar una piscina con agua ultrapersonalizada de tu propio ADN.[31]

Sin embargo, en Estado Unidos, un niño varón sabe, a los siete años, que llorar en público está mal porque eso es "cosa de niñas".[32]

Lo cierto es que todos lloramos unos cuantos miles de litros a lo largo de toda nuestra vida, y, aun así, los hom-

---

31 Y. García, "Por qué lloramos y cuántos litros de lágrimas derramamos al año", *Business Insider*, 10 de marzo de 2021.
32 J. Siebel (dir.), *The Mask You Live In* (documental), The Representation Project, 2015.

bres nos la pasamos intentando ocultar nuestras lágrimas o reprimiendo nuestras emociones y sentimientos porque "ellas son las emocionales" y nosotros "los racionales".

Pero ¿realmente llorar está mal y es "cosa de niñas"? ¿O el problema es no darnos cuenta de que llorar es una forma de expresar determinados sentires y forma parte de nuestra experiencia humana?

"Llora como una mujer lo que no pudiste defender como un hombre", se supone que le dijo la sultana Aixa, madre de Boabdil el Chico, el último rey islámico de Granada, cuando este salió de la Alhambra tras entregar sus llaves a los Reyes Católicos, el 2 de enero de 1492.

Pero la frase no es cierta. La escribió por primera vez, tres siglos después, el padre Echevarría en una obra titulada *Los paseos de Granada*, con la que pretendía dar una semblanza poco favorable de este rey, poniendo en duda su fortaleza y hombría.[33]

¿En qué momento llorar se convirtió en una debilidad más que en una capacidad? ¿Y quién decidió que tenía que ser así?

"Se dice que quizá lloramos cuando fracasa el lenguaje, cuando las palabras ya no pueden transmitir adecuadamente nuestro dolor", dice la poeta Heather Christle. Porque llorar es una capacidad primaria que antecede incluso a nuestra habilidad de expresarnos a través del habla.

33 E. Fernández, "'Llora como mujer lo que no supiste defender como hombre': la historia detrás de esta frase", *Muy Interesante*, 28 de febrero de 2014.

Visto así, el llanto es el lenguaje más sofisticado que existe, porque no necesita palabras para expresar la dicha o desdicha de nuestro corazón. Por eso las siguientes páginas son un río de lágrimas que desembocan en un tranquilo mar de agua dulce, agridulce y de agua salada. Ese del que toda la humanidad formamos parte sin importar nuestro género o procedencia.

El objetivo de esta buenaventura es aprender a navegar por estas fuentes fluviales andantes que somos. Porque, si el cuerpo humano está compuesto en un 60% por agua, el cerebro, un 70%; la sangre, un 80%, y los pulmones, un 90% de este preciado líquido, parece claro que es indispensable aprender a nadar y navegarlo para no ahogarnos en él.

Acompáñame y llora como un hombre que es capaz de sentir alegría y tristeza por aprender a caminar sobre sus propias aguas, esas que conforman nuestras emociones.

Lágrimas de cocodrilo

Si eres de los que creen que lloran poco, entender la complejidad y paradoja contenida en esa acción que es llorar te conmoverá tanto que hasta quizá te entren más ganas de hacerlo.

Lo primero que quiero contarte es que, dejando atrás las lágrimas de cocodrilo que versa el saber popular, existen tres tipos distintos de lágrimas que además tienen funciones diferentes.

Por una parte, están las lágrimas basales, que son el tipo de lágrimas funcionales básicas y se liberan continuamente en pequeñas cantidades para lubricar la córnea, mantenerla libre de polvo y garantizar nuestra agudeza visual. Las lágrimas basales también forman parte de nuestro sistema inmunológico y son las que luchan contra las infecciones bacterianas.

El segundo tipo de lágrimas son las reflejas y, junto con las basales, comparten el objetivo de proteger nuestros ojos. También se las conoce como irritantes, por ser el resultado de la irritación del ojo a causa de partículas extrañas o sustancias irritantes como el olor de las cebollas al picarlas o de cualquier tipo de perfume o fragancia, gas lacrimógeno o gas pimienta en el entorno ocular. Las lágrimas reflejas pueden estar relacionadas con vómitos, tos y bostezos, y se liberan en cantidades mucho mayores que las basales.

Finalmente, el último tipo de lágrimas son las derramadas como resultado de las emociones, es decir, de tristeza, felicidad, dolor, fuerte estrés emocional, ira, sufrimiento, angustia, duelo o éxtasis. También conocidas como lágrimas psíquicas o simplemente llanto, este tipo de lágrimas plantea cuestiones que se siguen estudiando en el ámbito científico, ya que no se sabe con total certeza por qué los seres humanos lloramos cuando tenemos algún tipo de trauma o sentimos determinadas emociones.

Lo que todos sabemos, por haberlo comprobado, es que un buen llanto es terapéutico, pues ayuda a regular momentos de ansiedad y de estrés. Reconocer las lágrimas psíquicas es fácil, ya que vienen acompañadas de un enrojecimiento de la cara, sollozos, respiración convulsiva o tos, así como de posibles espasmos en toda la parte superior de nuestro cuerpo.

Lo más poderoso del llanto es que nuestro cuerpo envía lágrimas para estabilizar lo más rápido posible el estado de ánimo que estamos atravesando en ese momento, así como las reacciones físicas que pueden venir asociadas en forma de aumento de la frecuencia cardiaca y la falta de aire al respirar.

Así pues, contrario a lo que pueda parecer a primera vista, las lágrimas no solo cumplen una importante función biológica, sino que están estrechamente vinculadas a mejorar nuestro estado emocional.

Llorar alivia y es beneficioso porque nos permite expresar nuestros sentimientos, actuando como un bálsamo reparador que nos brinda estabilidad.

Llora como hombre, que todos lloramos y lloramos distinto

Ya lo viste: llorar es una tecnología tan sofisticada como compleja. Por eso no tiene sentido caer en reduccionismos comparativos sobre si llorar "no es cosa de hombres" y sí de mujeres. Y no lo es porque tampoco hay una respuesta única.

Por ejemplo, si lo analizamos desde la cantidad de veces anuales que lloramos, y a eso le sumamos el componente del género, ellas lo hacen casi cuatro veces más que nosotros, según un estudio de la Sociedad Alemana de Oftalmología, que concluyó que los hombres lloramos entre 6 y 17 veces por año, mientras que ellas lo hacen entre 30 y 64 veces. Ellas también lloran más tiempo: un promedio de unos seis minutos, mientras que los hombres no solemos sobrepasar los cuatro.

No obstante, si estudiamos el llanto desde quién siente más dolor emocional cuando llora, los resultados cuentan algo más.

Un equipo internacional de psicólogos dirigido por investigadores de la Universidad de Lancaster llevó a cabo, en 2021, el primer análisis de *big data* sobre problemas de pareja.[34] Concluyeron que, durante las rupturas sentimentales, somos los hombres los que experimentamos más dolor emocional que las mujeres.

Charlotte Entwistle, autora principal de la investigación, explicó que, además de entender qué problemas de relación son los que más experimenta el público en general, uno de los objetivos principales del estudio era comprender quién experimentaba más cuáles problemas.

Usando métodos de procesamiento de lenguaje natural, el equipo analizó las características demográficas y psicológicas de más de 184 000 personas que publicaron sus problemas de pareja en un foro anónimo en línea.

Los análisis revelaron que el tema más común mencionado por las personas que hablaban de sus problemas de relación de pareja era el dolor emocional causado por los problemas, más que los problemas en sí mismos. El tema más común era el "dolor de corazón" y estaba com-

---

34 "Los hombres sienten más dolor emocional durante las rupturas sentimentales, según un estudio", *Onda Cero*, 7 de noviembre de 2021.

puesto por palabras como "arrepentimiento", "ruptura", "llanto" y "corazón roto".

Los resultados del equipo mostraron conclusiones sorprendentes que desafían los estereotipos más arraigados en nuestra sociedad, y sugieren que aquel de que los hombres estamos menos involucrados emocionalmente en las relaciones que las mujeres no parece ser exacto porque los hombres hablamos más del desamor que las mujeres y somos más propensos que ellas a buscar en línea ayuda para nuestras relaciones.

Hijos del agua

Me gusta pensar que, independientemente del género, todas las personas somos hijas del agua.

Antes de llegar a este plano y estando aún en el vientre de nuestra madre, ya somos agua. Seres que respiran gracias al cordón umbilical que nos regala el aire que esa persona respira.

Una vez que nacemos, dejamos el agua amniótica y empezamos a gatear para prepararnos a pasar la mayor parte del resto de nuestras vidas sobre tierra firme.

Ya de adultos, en los momentos de mayor claridad, también somos capaces de volar a través de nuestra imaginación y expandir nuestro fuego interno, que llega con una observación más amplia de nuestra realidad a medida que desarrollamos nuestra conciencia.

Visto así, aunque en una misma vida pasemos por todos los elementos, desde el agua o líquido amniótico en el vientre de nuestra madre, hasta pisar la tierra por nosotros mismos, volar con nuestra creatividad y llegar a encender el fuego de nuestra conciencia, lo cierto es que en todos y cada uno de esos momentos sigue estando presente, y de manera protagónica, el elemento agua.

Desde las lágrimas que todos lloramos como sustancia esencial creada por nuestros cuerpos para garantizar la salud de nuestros ojos y asegurarnos una visión más limpia, no solo en sentido fisiológico, sino también más transparente y menos sesgada respecto a quiénes somos y a quiénes tenemos en frente; a cada una de nuestras emociones, representadas también por el agua, que transporta la experiencia compartida de toda la humanidad que ha existido, que vive o que algún día vivirá; partiendo de un lenguaje tan primitivo como el nacimiento y tan complejo e implacable como la muerte, hasta llevarnos a lo desconocido. Un oeste simbólico que desde culturas ancestrales apela y representa la energía femenina, el mundo emocional, la locura, la creatividad y lo no conocido. Todo aquello que no sabíamos que sentíamos y cuya puerta de acceso se abre a través de nuestras emociones.

¿Te has dado cuenta de que todos los procesos que hacemos para conseguir algo material en nuestra vida en realidad lo hacemos para alcanzar un estado emocional que nos permita experimentar qué se siente al tener eso que nos habíamos propuesto conseguir?

La casa, el coche, la pareja, el ascenso. Piensa en lo que sea. Creamos procesos y nos esforzamos para llegar a conseguir cosas que en algún momento ya no estarán. Sin embargo, los sentimientos que todo eso nos producen seguirán presentes e intentaremos, consciente o inconscientemente, crear las condiciones que nos permitan volver a sentirlos una y otra vez.

Así pues, nos pasamos la vida creando situaciones que nos permitan saber qué se siente el llegar allí, o bien que nos permitan recrear y sentir de nuevo eso que alguna vez logramos sentir en determinadas circunstancias.

En definitiva, creamos situaciones para recrear emociones, para saber qué se siente al tener esto o aquello, o al llegar a un resultado u a otro. Sin embargo, el resultado de cualquier cosa que nos hayamos propuesto lograr o tener en realidad no es algo material, sino un estado emocional que, de alguna u otra manera, quisimos sentir por primera vez o volver a experimentar.

Entender esto es comprender que nuestra vida no es ni más ni menos que un conjunto de estados emocionales que o bien nos sobresaltan, o bien somos capaces de navegar en la medida en que vamos aprendiendo a transitarlos y a recrearlos de forma más consciente.

Recorrer nuestros sentires es un acto sanador para cualquier persona, algo que entendieron muy bien las plañideras, sanadoras emocionales y artistas del llanto desde tiempos inmemoriales.

También conocidas como lloronas, choronas, lastimeras o rezanderas, la existencia histórica de las plañideras se remonta a siglos —si no milenios— y aún perdura en la actualidad en algunos países de Latinoamérica, en los que puede verse a algunas mujeres vestidas de negro y con un pequeño libro en las manos llorando por alguien a quien no necesariamente conocen.

Para ellas, sentir profundamente a través de sus sollozos era un acto trascendental, que implicaba que esos lamentos fueran escuchados no solo por todos en este mundo, sino también por los del más allá.

La historiadora Ana Valtierra sitúa el origen de las plañideras en Egipto, momento en que algunas mujeres empezaron a seguir el ejemplo mitológico de Isis, la gran diosa madre, de quien se dice que lloró desconsoladamente la muerte de su esposo Osiris, asesinado por su hermano Seth.

Parece que en algunas civilizaciones antiguas el llanto de las choronas era una especie de ayuda para quienes morían, y, de hecho, fue en la Antigüedad donde las plañideras tuvieron su máximo apogeo y expandieron más sus llantos, considerados de gran importancia para que las almas pudieran alcanzar el descanso eterno.

Más allá del mito, la prueba de qué tanto las plañideras elevaron el sentir a un acto de relevancia social y espiritual es que hay representaciones suyas en numerosos restos arqueológicos de la época, como cerámicas y pinturas.

¿Qué tan relevante es para ti estar en contacto con tus propias aguas, es decir, con tu dimensión emocional, permitiéndole expresarse ya sea a través del llanto, la palabra, o simplemente sentirla de forma más consciente? Hagamos la prueba:

- ¿Con qué frecuencia te tomas un momento para reflexionar sobre tus propias emociones y cómo te sientes en determinadas situaciones?
- ¿Te permites experimentar y aceptar emociones "negativas" como la tristeza, la ira o el miedo sin juzgarte a ti mismo?

- ¿Eres capaz de identificar y expresar tus emociones de manera clara y precisa para ti mismo?
- ¿Puedes identificar y expresar claramente tus emociones en palabras cuando alguien te pregunta cómo te sientes?
- ¿Te das cuenta de las señales físicas que tu cuerpo te envía cuando experimentas emociones intensas, como el nerviosismo, la tensión o la relajación?
- ¿Eres consciente de posibles patrones emocionales recurrentes en tu vida?
- ¿Trabajas para comprender su origen y cómo afectan tu bienestar emocional?
- ¿Cómo integras la dimensión emocional en tus decisiones diarias y en la planificación a largo plazo?
- ¿Tomas en cuenta tus emociones igual que consideras tu parte lógica y racional?
- ¿Eres capaz de empatizar con las emociones de los demás y comprender cómo se sienten, mostrando compasión y apoyo cuando es necesario?
- ¿Incorporas algún tipo de práctica como la meditación, la escritura creativa o cualquier otra para fortalecer tu conexión con tus propias emociones?
- ¿Te sientes cómodo mostrando vulnerabilidad y compartiendo tus emociones con las personas cercanas a ti, como amigos o familiares?

Estas preguntas pueden ayudarte a entender qué tanto estás en contacto con tus propias aguas y a conectar más con tu dimensión emocional. Recuerda que la autoexploración y el autocuidado son fundamentales para el bienestar emocional.

El hombre-agua, navegante de emociones

El hombre-agua es el arquetipo que habilita nuestra capacidad para navegar esas aguas que son nuestras emociones.

Para lograrlo, el hombre-agua nos muestra que no es necesario entenderlas. Basta con ser capaces de transitarlas y atrevernos a entrar en aguas profundas, transformándonos con ellas y permitiéndonos fluir con ese elemento agua que todos nosotros ya somos.

Trabajar con el hombre-agua implica aprender a caminar sobre tus propias aguas, no de la forma literal como lo haría un mesías en un milagro mitológico, sino como aquella persona que se atrevió a navegar sus propios estados emocionales sin temor a ahogarse, porque comprobó que, igual que es posible tocar fondo, también lo es aprender a flotar.

El hombre-agua te invita a ser maleable, adaptable y fluido como lo es el agua que nos compone, que es capaz de pasar de un estado líquido a sólido o gaseoso. Este arquetipo te recuerda que el agua no puede ahogarse en agua y que, así como nuestros estados emocionales son tan cambiantes y poderosos para tenerlos en cuenta, también son efímeros y no tiene sentido ahogarnos en ellos, más cuando sabes que la esencia de todos ellos sigues siendo tú: pura agua.

El hombre-agua te recuerda que para navegar mejor nuestras emociones es necesario romper con estereotipos de género que asocian la emoción a ser mujer y te pide conectar con tu energía o dimensión femenina, esa que todos tenemos sin importar nuestro género y que nos hace más fuertes cada vez que nos reconocemos como seres sintientes, complejos y multidimensionales.

El hombre-agua te invita a navegar tu emocionalidad a través de la balsa que construyes cada vez que conversas tus sentires contigo mismo y con personas de tu confianza, hasta ser capaz de convertir ese bote en un buque insignia cuyo capitán eres tú.

Consolidas este arquetipo cada vez que te sientes más capaz de darte dirección, aun en las tormentas perfectas, sin necesidad de entender el porqué de esa situación, pero siendo muy consciente de que estás allí para fortalecer tu brújula interna y tu capacidad para navegar distintas aguas o emociones que tengas.

Accionar el hombre-agua implica darnos cuenta de que la emoción es la antesala de la acción, y comprender que somos seres emocionales, pues a todo lo que hacemos lo antecede una emoción.

Este arquetipo representa una conexión profunda y armoniosa con el elemento agua, y simboliza la fluidez, la empatía y la adaptabilidad. Estas son las capacidades que el hombre-agua te habilita a navegar:

- **Cuidado emocional.** El hombre-agua potencia la capacidad para fluir con tus emociones y con las ajenas. Este arquetipo nos ayuda a comprender la naturaleza cambiante de las emociones humanas y nos invita a hacer todo lo posible para aprender a transitar de forma fluida nuestros estados emocionales.
- **Adaptabilidad elegida.** Al igual que el agua que se ajusta a las formas de lo que la contiene, el hombre-agua nos permite practicar nuestra capacidad

de adaptabilidad ante los cambios y desafíos que se nos presentan, ajustándonos a las nuevas circunstancias con gracia y flexibilidad.

- **Inmersión creativa.** El hombre-agua nos inspira a aprender de la fluidez del agua, para encontrar soluciones creativas en aquellas situaciones difíciles que se nos puedan presentar, dejando que nuestra mente fluya sin restricciones para explorar nuevos enfoques y alternativas.
- **Sanación emocional.** Trabajar con este arquetipo te ayuda a potenciar la capacidad de proporcionar sostén y apoyo emocional, tanto a ti mismo como a otras personas, acompañando a los demás a transitar sus heridas emocionales y brindándoles soporte para que encuentren su propia fluidez emocional.
- **Navegación por distintas aguas.** Este arquetipo potencia tu espíritu aventurero y te invita a explorar de manera compasiva hacia ti y hace otros, las diferentes plataformas emocionales y adentrarte sin temor y con curiosidad a cualquier tipo de agua profunda.

Este arquetipo simboliza nuestra conexión innegable con el agua que ya somos, y nuestra capacidad para fluir con nuestras emociones y gestionar nuestros sentimientos teniendo en cuenta el contexto que se nos presente, con el objetivo de navegar cada vez mejor las distintas circunstancias que vivimos.

Acción necesaria para activar al hombre-agua

Durante las próximas 72 horas, cada vez que alguien te formule la pregunta comodín "¿cómo estás?", o "¿qué tal todo?", o una similar, no caigas en la trampa de responderle de forma automática. En lugar de eso, proponte responder desde el sentir ya gestionado que estás teniendo ese día, e intenta verbalizarlo de forma simple y concreta, dándole dirección a lo que digas y sin entrar en victimismos o glorificaciones exageradas.

A su vez, cuando le preguntes a alguien "¿cómo estás?", intenta escuchar de forma activa su respuesta y sentir lo que sea que esa persona te esté diciendo, abriendo la posibilidad de preguntarle más o simplemente siendo amable y acompañándola de la mejor forma posible, si es que consideras que eso puede ayudarla.

Acción superior para
activar al hombre-agua

Agarra un vaso, llénalo de agua y dile en voz alta lo siguiente: "A través de este acto, elijo depositar en esta agua la _____ [pon aquí una emoción que te cueste transitar, por ejemplo, tristeza] que todavía estoy aprendiendo a navegar".

Deja el vaso al lado de tu mesita de noche durante un mes entero y verás como se consume. Cuando quede poca agua, vacíala en una planta y vuelve a repetir el ejercicio los meses que hagan falta, trabajando mes a mes la emoción que consideres que quieres aprender a transitar mejor.

7

El hombre-montaña

Capacidad que habilita:
Cuidar de la vida

Narrativa estereotipada que transforma:
"No seas femenino"

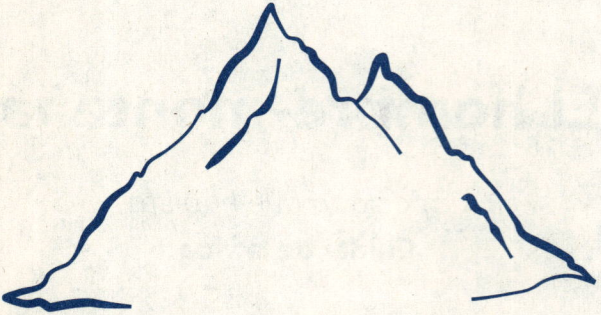

Los hombres estamos menos dispuestos a tener comportamientos que favorezcan al medio ambiente —como reciclar, usar bolsas reutilizables o apagar el aire acondicionado— porque los percibimos como marcadamente "femeninos", según un estudio de la Universidad Estatal de Pensilvania. La investigación también develó que incluso hay cierto temor masculino a que incurrir en conductas supuestamente femeninas haga pensar a otros que son gais.[35]

Pero ¿qué es "ser femenino" o "ser masculino"? ¿Ser femenino es igual a ser mujer y ser masculino a ser hombre? ¿O más bien estamos confundiendo un principio de la vida (todo lo que existe tiene su parte femenina y su

---

35 J. Swim, A. Gillis y K. Hamaty, "Gender Bending and Gender Conformity: The Social Consequences of Engaging in Feminine and Masculine Pro-Environmental Behaviors", *Sex Roles*, núm. 82, 2020.

parte masculina) con identidades de género (hombre y mujer) y a estas con estereotipos de género? ¿Afecta esto al cuidado del medio ambiente? ¿De qué forma?

Como preámbulo de este capítulo, te daré la respuesta corta: los roles de género sí que afectan al cuidado del medio ambiente y tienen efectos que todavía estamos lejos de dimensionar.

Sí, seguir pensando que cuidar —lo que sea— es cosa de mujeres y, por lo tanto, "reciclar también" es algo que influye directamente en lo que se asocia a "ser hombres" y a cómo tenemos que comportarnos para mostrarnos como "hombres de verdad"; actitudes que acaban en estereotipos y hábitos que no solo nos impactan negativamente a nosotros, sino también al planeta.

En esta cultura machista en la que vivimos, el estereotipo está claro: ellas reciclan más que nosotros porque todo lo que tenga que ver con cuidar es cosa de mujeres; y nosotros contaminamos más que ellas porque todo lo que tenga que ver con excesos para demostrar nuestra hombría es cosa de hombres.

Durante la siguientes páginas te propongo que nos adentremos para entender mejor cómo lo femenino, igual que lo masculino, forma parte de ti, de mí y de cualquier persona que habita en este planeta, y por qué es tan necesario que dejemos de confundir principios indispensables para que haya vida con estereotipos de género, que lo único que hacen, y cada vez más, es darnos problemas existenciales.

El objetivo es empezar a entender el género desde una perspectiva mucho más amplia de eso que llamamos vida, y al menos poder observarlo desde la óptica de sabidurías antiguas que lo entendían como uno de los siete principios indispensables que conforman nuestra realidad.

Dimensionarlo de una forma más amplia nos permitirá no confundir al género, como principio, con identidades de género y los estereotipos que se producen, así como a ser un poco más conscientes del impacto directo que esta confusión tiene en nuestras formas de cuidado y sostenimiento de la vida.

"Masculinidad tóxica" no es lo que piensas, es peor

Seguro que habrás escuchado sobre la "masculinidad tóxica", un concepto malentendido por gran parte de la sociedad y que levanta sarpullidos en una buena parte de la población masculina, la cual, cuando alguien emplea este concepto, suele entenderlo como que "ser hombre" es igual a "ser tóxico".

Nada más lejos de la realidad.

Cuando se habla de masculinidad tóxica se hace referencia a que seguir entendiendo la masculinidad como un concepto hegemónico, invariable y rígido, que tiene que ser el mismo para TODOS los hombres, tiene efectos nocivos y tóxicos, en primer lugar, para el varón, así como para las personas con las que se relaciona y los contextos en los que este vive.

Entonces, no es que ser hombre sea igual a ser tóxico, sino que es tóxico para nosotros y para nuestros contextos seguir pensando que solo hay una forma válida de entender la masculinidad, la hegemónica, que esta tiene que ser la misma para todos los hombres y que implica comportarnos de forma dominante, sometedora, controladora y descuidada.

Vivir nuestras vidas en esos parámetros tiene un coste para el varón que ya analicé en el capítulo del hombre-lámpara mágica, pero, además, también impacta en nuestra relación con el medio ambiente.

Según el estudio de la empresa Ecoloop, de Suecia, publicado en el *Journal for Industrial Ecology*, el consumo de los hombres genera un 16% más de emisiones de gases de efecto invernadero (GEI) que los hábitos de las mujeres.[36]

El estudio revela que los hombres tenemos una mayor responsabilidad en los contaminantes que se envían a la atmósfera y que esto está relacionado con el transporte. Por ejemplo, en España se estima que entre el 60% y el 70% de los usuarios del transporte público son mujeres. Una situación que se repite en otros países de América Latina, donde, en comparación con los hombres, ellas son las que más usan el transporte público en viajes que están asociados a tareas de cuidado, como llevar a los niños a la escuela, cuidar hogares ajenos o atender a personas dependientes (todos trabajos asociados a roles de género femeninos).

El informe de BBVA "La huella de carbono de los españoles" también comparte esta idea. Su conclusión es ta-

---

36 "Ambiente y género: los hombres generan más contaminación que las mujeres", *Carbono News*, 27 de julio de 2021.

jante: los hombres contaminamos más que las mujeres.[37] En concreto, y según este informe, nuestro estilo de vida es un 12% más contaminante que el de ellas, y nuestra contaminación asociada al uso del transporte y de servicios, como hoteles y restaurantes, es también más directa, mientras que la de ellas es más indirecta y está relacionada al consumo de productos de salud, ropa y calzado.

Hasta hace poco el género no era evaluado a la hora de calcular las emisiones, algo que cada vez más investigadores empiezan a tener en cuenta con el objetivo de obtener estimaciones más precisas que permitan diseñar mejores planes y mejores acciones con respecto a la crisis climática que afrontamos.

Parece claro que los estereotipos de género (qué es ser un hombre y cómo debe comportarse, o qué es ser una mujer y cómo debe vivir y actuar) crean y sostienen determinados estilos de vida que tienen un impacto directo en la relación con nuestros contextos.

Estas diferencias también se pueden atribuir otros factores e intersecciones como las diferencias de ingresos, el poder adquisitivo que se tiene según el género y, en consecuencia, el mayor consumo de bienes y servicios entre hombres y mujeres.

En definitiva, seguir pensando y viviendo la masculinidad de una sola forma "válida", la hegemónica, tiene un efecto medible e implacable en cómo vivimos nues-

---

37 "Un informe desvela quién contamina más: hombres o mujeres", *Onda Cero*, 20 de mayo de 2023.

tros estilos de vida y el impacto literalmente tóxico que eso tiene en el medio ambiente.

Antes de seguir avanzando, te invito a responder estas preguntas, que te pueden ayudar a dimensionar qué tanto formas parte de la estadística.

- ¿Crees que hay diferencias en la forma en que hombres y mujeres se relacionan con la naturaleza? ¿Por qué?
- ¿Crees que influyen las expectativas sociales de masculinidad en la relación que tenemos los hombres con el medio ambiente?
- ¿Consideras que existe una percepción de que cuidar del medio ambiente es "femenino"?
- En caso de que sí, ¿en qué crees que se sustente esta asociación?
- ¿En qué medida crees que considerar ciertas actividades como masculinas (por ejemplo, la caza o la pesca) ha afectado nuestra percepción de la conservación del medio ambiente?
- ¿Influyen los roles de género en la educación ambiental que recibimos los hombres desde temprana edad?
- ¿Has experimentado alguna vez presión social para comportarte de una manera que no consideras respetuosa hacia el medio ambiente?
- ¿Crees que hay estereotipos de género que limitan la participación activa de los hombres en iniciativas ambientales? ¿Cuáles son?
- ¿Habría que cambiar algo en las actividades de ocio y recreación consideradas "masculinas" para fo-

mentar una mayor conexión y respeto hacia la naturaleza?

- ¿Piensas que cuidar del medio ambiente es una responsabilidad compartida, independientemente del género?
- ¿Cómo podemos fomentar una conexión más respetuosa entre nosotros y la naturaleza, superando posibles barreras sociales y culturales?

Más allá del género como perspectiva

Entender quiénes somos desde una perspectiva de género es fundamental para poder observar nuestras interacciones más allá de nuestros propios prejuicios y sesgos.

Al mismo tiempo, entender el género más allá de una perspectiva es esencial para comprendernos mejor como individuos y como especie, y abarcar con nuestra mirada ese conocimiento que, en tiempos antiguos y contemporáneos, ayudó y sigue posibilitando a que haya más personas sabias, capaces de vislumbrar mejor ese gran misterio y las formas en las que puede operar el complejo entramado que llamamos realidad.

El *Kybalion* es el documento que contiene las siete claves maestras o siete leyes universales basadas en las enseñanzas del misterioso maestro Hermes Trismegisto. Este fue llamado el "tres veces sabio" y no se sabe con certeza si fue una sola persona o, como apunta el académico francés y experto en esoterismo, Antoine Faivre, tres personajes distintos: un primer Hermes, quien fue una especie de "héroe civilizador" y vivió en Egipto; otro que habría sido el iniciador de Pitágoras y habría vivido en Babilonia; y un tercer Hermes, considerado el primer maestro alquimista.[38]

En cualquier caso, los escritos relacionados a Hermes datan de tiempos remotos y al parecer fueron la fuente de Platón. Estos saberes conforman el *Corpus Hermeticum*, que en el año 1462 fue traducido por Marsilio Ficino del griego al latín por petición de Cosme de Médici, quien habría recibido el manuscrito procedente del Oriente.

Ya en el *Kybalion* podemos ver una interpretación mucho más amplia sobre el concepto de género, entendido como una de las siete claves de una obra que ha proporcionado y sigue proporcionando un entendimiento más profundo de nuestra propia existencia:

1. **Mentalismo.** El Todo es mente; el universo es mental. No hay nada fuera del Todo.
2. **Correspondencia.** Como es arriba, es abajo; como es adentro, es afuera.
3. **Vibración.** Nada está inmóvil; todo se mueve, todo vibra.
4. **Polaridad.** Todo es dual, todo tiene dos polos, todo tiene su par de opuestos: los semejantes y los antagónicos son lo mismo; todas las verdades son medias verdades, todas las paradojas pueden reconciliarse.

---

38 J. Callejo, "Hermes Trismegisto y el hermetismo", *Cadena SER*, 20 de enero de 2022.

- **Ritmo.** Todo se mueve, como un péndulo; todo tiene sus periodos de avance y retroceso, todo asciende y desciende; el ritmo es la compensación.
- **Causa y efecto.** Toda causa tiene su efecto; todo efecto tiene su causa; la suerte o el azar no son más que los nombres que se le dan a la ley no reconocida.
- **Género y generación.** El género está en todo; todo tiene su principio masculino y femenino.

Lo relevante de esta mirada hermética es poder observar al género no solo como una perspectiva o como una identidad, sino como un principio clave fundamental de todo lo que existe y que además no es el único.

Observar lo femenino y lo masculino como principios creadores, y no solo como identidades de género que además producen y reproducen estereotipos de géneros, nos ayuda también a limpiar de sesgos y prejuicios de nuestras miradas y, por lo tanto, a comprender mejor que lo masculino y lo femenino nos atraviesan a todas las personas, independientemente de nuestro sexo, identidad de género u orientación sexual.

Esto significa que no tiene ningún sentido catalogar el "reciclar" o el "cuidar" como actividades femeninas, o seguir etiquetando determinadas conductas como "femeninas" o "masculinas", porque lo único que logramos con eso es seguir confundiendo los principios vitales —masculino y femenino— con identidades de género asociadas además a estereotipos de género y conductas sobre lo que se espera de ser hombre o mujer.

El coste de confundir estereotipos
con arquetipos

Pasaron más de 40 000 años desde el final de la Edad de Piedra y seguimos asociando el cazar con ser hombres y el recolectar con las mujeres. Terminó la prehistoria, llegó la escritura y con ella la historia, y todo esto no ha bastado para que entendamos al "cazador" y al "recolector" como arquetipos o patrones universales de conducta, independientes del tiempo, la cultura, las identidades de género o la sociedad en que vivimos.

Más bien todo lo contrario: se han convertido en meros estereotipos o clichés asociados al género que sirven para justificar conductas machistas y seguir sosteniendo discriminaciones con base en la idea de que cazar "es lo natural" en los hombres, y recolectar y todo lo asociado al cuidado es "asunto de mujeres".

Cazar como recolectar son acciones universales, es decir, atemporales, que traspasan la cultura o sociedad en que vivimos y van más allá de la identidad de género que elegimos.

En lugar de entender al cazador y al recolector como arquetipos que sobreviven al tiempo, que no dependen de una época concreta y nos ayudan a crecer como personas, los hemos llevado a lugares comunes, etiquetándolos como personajes de un supuesto grupo al que creemos que pertenecen, hasta reducirlos a simples clichés. Estereotipos construidos sobre generalizaciones con características supuestamente inamovibles.

Igual que "las rubias tontas" y "los políticos corruptos", hemos convertido dos arquetipos poderosos en dos simples estereotipos: "mujeres cuidadoras y recolectoras" y "hombres que cazan y proveen".

Para la doctora Vandana Shiva, reconocida líder social, ecofeminista y activista, "tenemos que modificar el estereotipo en que se ha convertido el cazador porque ya no es adaptativo a esta época, incluso es peligroso".

Es peligroso porque el posicionamiento dominante que le hemos dado al significado de cazador poco puede competirle al humilde significado de cuidado asociado al recolector. Un poder de dominio, el del cazador, que en la actualidad está sobredimensionado y se torna incluso suicida para la humanidad, dada la capacidad tecnológica de destrucción que hemos alcanzado.

Muy en línea del *Kybalion*, para Shiva lo femenino y lo masculino son principios y sustentos necesarios para que haya vida. El principio femenino se caracteriza por la paz, la seguridad, el amor y la unión; y el masculino, por la competencia, la dominación, la dirección, los límites y la destrucción. Ambos principios no son propiedad exclusiva de mujeres ni de hombres, porque lo femenino como lo masculino están y son parte de todos nosotros como seres humanos.[39]

Por eso tenemos que ser capaces de reescribir la historia, para dejar de pensar que cazar es masculino y, por lo tanto, cosa de hombres, y recolectar, femenino y asociado a las mujeres. Es necesario volver a los orígenes de esa

---

39 A. Anggraeni, *Women and Ecological Crisis: Study of Vandana Shiva's Ecofeminism*, tesis, Universitas Islam Negeri Walisongo Semarang, 2017.

historia y construir una narrativa distinta que nos permita ver al recolector y cazador como lo que son: arquetipos que responden a principios fundamentales para la vida. Patrones de conducta universales que traspasan identidades de género y estereotipos sociales.

Direcciones que nos muestran mejores caminos a seguir. Rutas que no pasan por sesgos o prejuicios fundamentados en un entendimiento limitado de principios como el del género, que siguen sosteniendo narrativas estereotipadas de roles y funciones asociadas a ser hombre y ser mujer.

A lo largo de la historia reciente, antropólogos y científicos han coincidido en asumir que la división del trabajo fue la norma en las primeras sociedades humanas. Desde esa perspectiva, los hombres se encargaban de la caza y las mujeres del cuidado y la crianza de los más jóvenes.

Sin embargo, el reciente hallazgo, en las montañas de los Andes, de los restos de una cazadora de 9 000 años, contradice esa hipótesis. Este descubrimiento se enmarca dentro de una investigación de la Universidad de California en Davis, publicada en *Science Advances* en 2020.[40] Los restos encontrados corresponden a los huesos de una hembra joven, de entre 17 y 19 años, que fue enterrada en el yacimiento de Wilamaya Patjxa, en los Andes peruanos, con un surtido juego de herramientas de caza mayor, algo que era muy común, pues los objetos con los

---

40 R. Haas *et al.*, "Female Hunters of the Early Americans", *Science Advances*, vol. 6, núm. 45, 2020.

que se enterraba a las personas a su muerte eran los que las habían acompañado durante su vida.

Este descubrimiento hecho en el yacimiento de cazadores más antiguo de todo el continente americano hizo preguntarse a los científicos si este podía dar cuenta de un patrón más amplio de cazadoras o si conformaba solo una excepción a la regla. Los investigadores encontraron otros 27 individuos asociados con herramientas de caza mayor, de los cuales 11 eran mujeres y 15 eran hombres.

Para los investigadores, este nuevo hallazgo es suficientemente sólido para concluir, con garantías, que la participación femenina en la caza mayor temprana no fue algo trivial, pues el análisis estadístico mostró que entre el 30% y el 50% de los cazadores de estas poblaciones eran mujeres.

A su vez, estos niveles de participación en la caza contrastan con las conclusiones que normalmente se desprenden de los yacimientos de las primeras sociedades agrícolas, donde la caza, en la que aprecian baja participación femenina, fue una actividad eminentemente de hombres.

Lo que parece indudable es que los roles de cazadores y recolectores, históricamente ligados al género masculino y femenino, lejos de ser rígidos, responden a arquetipos de conducta que, independientemente de su género, cualquier persona podía y puede desempeñar.

En todo caso, si en la prehistoria las mujeres estuvieron más cerca de la naturaleza que los hombres, es algo que en esencia tuvo que ver con el enfoque del trabajo que ambos desempeñaron en un determinado momento y contexto de la humanidad, tal y como observó Vandana Shiva en su exploración de antecedentes históricos, biológicos y de factores socioculturales que lo provocaron.

En la prehistoria, el empleo de las mujeres como recolectoras se llevó a cabo desde una relación de cercanía y conservación de la naturaleza, mientras que el enfoque de los hombres como cazadores, ya desde el tipo de herramientas utilizadas, estuvo más dispuesto y destinado a herir, conquistar y destruir la naturaleza.

Para Shiva, la relación entre cazadores y el objeto de caza no estaba basada en un modelo de asociación, sino en el dominio y el poder. Muy distinta a la relación establecida por las mujeres recolectoras con la naturaleza: una interacción recíproca donde ellas tomaban algo que estaba disponible en la naturaleza y cuidaban de esta para que siguiese siendo productiva. En definitiva, una relación equitativa basada en el principio de asociación y no de destrucción.

La dominación como política en nombre del progreso

La dominación de la naturaleza por parte de la cultura industrial es equiparable a la dominación de las mujeres por el hombre, porque en esencia es parte del mismo proceso de destrucción en nombre del desarrollo, la civilización y el progreso sobre el que hemos erigido "la historia de la humanidad", como solemos referirnos a lo que en realidad es una construcción del mundo desde una visión androcentrista, donde la historia de la humanidad es la historia del género masculino. Un proyecto patriarcal y, por lo tanto, jerárquico, construido esencialmente bajo políticas de dominación donde el lugar de la humanidad está por encima y separado de la naturaleza.

Las montañas y todo lo que albergan, desde ríos, lagos, bosques, hasta otros reinos como el animal, vegetal, mineral, fungi, protoctista y monera, son vistos como simples recursos necesarios para asegurar nuestras vidas y satisfacer nuestros intereses, desarrollo y progreso.

Desde hace menos de un siglo, hablamos de derechos humanos. En concreto, desde la resolución del 10 de diciembre de 1948, año en que la Asamblea General de las Naciones Unidas reunida en París aprobó la Declaración Universal de los Derechos Humanos. Sin embargo, siempre digo que los derechos humanos se quedan muy cortos desde el momento en que contemplamos el derecho a vivir de todos los elementos y seres no humanos que nos rodean: cuerpos de agua, animales, minerales, fungi y cualquier otra especie que exista.

¿Deberían tener todos estos los mismos derechos? ¿Deberían tener más derechos que nosotros los humanos, que llegamos millones de años después?

Si esto te pudiese sonar exagerado, piensa que desde hace poco más de 100 años los seres humanos no somos las únicas personas que tenemos derechos. Como apunta César Rodríguez Garavito, profesor y director del Centro de Derechos Humanos y Justicia Global en Colombia, allí están millones de empresas, reconocidas como personas morales, así como iglesias, o enegés o centros educativos, con derechos como la propiedad o la libertad contractual.

Del androcentrismo al ecocentrismo

Garavito destaca la importancia de un texto pionero titulado *¿Los árboles tienen derechos?* y que fue escrito hace apenas 42 años por el jurista estadounidense Christopher Stone. En este libro se plantearon ideas que luego fueron recogidas por jueces y legisladores de diferentes países, desde Estados Unidos y Francia, hasta Ecuador y Bolivia, y cuyas constituciones reconocen derechos a la naturaleza.[41]

Colombia es uno de los pocos países donde en los últimos 50 años los jueces han decidido que un ecosistema o un elemento de él —como ríos, bosques naturales, una montaña, un páramo o una especie específica— sean sujetos de derecho.

"Se parte del hecho de que el Estado debe proteger la diversidad y la integridad ambiental. Cuando un elemento del ambiente pasa de ser 'objeto' a ocupar una categoría de 'sujeto', abre la puerta a la protección, pues se cambia esa relación", explica el profesor Gregorio Mesa, del Grupo de Investigación en Derechos Colectivos y Ambientales (GIDCA) de la Universidad Nacional de Colombia (Unal). Para Mesa, la importancia de esta designación radica en que se cambia la relación con el sujeto, prevalece el cuidado y la conservación, y comienza una nueva cosmovisión respecto de la naturaleza.[42]

---

41 "¿Los ríos tienen derechos?", *Nature Rights Watch*, 12 de junio de 2017.
42 "Ecosistemas como sujeto de derecho: ¿qué son y cuáles son sus implicaciones?", *Periódico Unal*, 2 de octubre de 2020.

No fue hasta 2017 que países como Nueva Zelanda empezaron a otorgar derechos a ríos como el Whanganui, y que también una corte de la India declaró al río Ganges sujeto de derechos. O, hasta marzo de 2023, que Bolivia planteó el derecho humano al mar en la Conferencia del Agua de la ONU, a razón de reafirmar que el agua es un derecho humano y, por lo tanto, que este elemento tiene que ser "sujeto de derechos" y contar con mecanismos intergubernamentales permanentes que promuevan su cuidado y conservación.

Aunque poco a poco vamos observando el mundo que nos rodea más allá de la mirada androcentrista, aún falta mucho para resolver las cuestiones éticas, existenciales, prácticas y funcionales que exige esta nueva mirada ecocentrista, porque implica un verdadero y radical cambio de paradigma con múltiples consecuencias.

Y a pesar de estos pequeños grandes avances para los ríos, seguimos lejos de poner sobre la mesa, por ejemplo, los derechos de esos enormes seres que los albergan y les dan origen: las montañas.

El hombre-montaña, sostenedor de vida

Las montañas acogen el 15% de la población mundial, dan cobijo a un cuarto de los animales y plantas terrestres, y suministran agua dulce para más de la mitad de la humanidad.

Aunque en el idioma español las nombremos en femenino, las montañas, de manera clara y obvia, trascienden el género como lo entiende la mayoría de nuestra especie, entre otras razones porque son personas no humanas.

Para la cosmovisión andina, los apus o montañas contienen, al igual que todo lo que existe en este planeta, los principios femenino y masculino de creación. Esta dualidad de energía femenina que contienen las montañas en su base, pegada a la tierra, y energía masculina en su cima, apuntando al cosmos, está considera una fuerza espiritual sagrada que en su generosidad abastece y da vida tanto a las comunidades como a toda la naturaleza circundante, alimentando, conteniendo y cuidando animales, ríos, lagos y personas.

El hombre-montaña es el arquetipo que simboliza la vida y habilita nuestra capacidad de entender con total amplitud lo femenino y lo masculino, no solo desde una perspectiva de género, sino desde la comprensión de que ambos son principios fundamentales para crear todo aquello que ves en este planeta.

El hombre-montaña usa la dualidad masculino-femenino no para separar o dividir, sino para conjuntar, direccionar y crear. Llevado a la práctica, esto significa entender que tanto lo masculino como lo femenino forman parte de ti y de cualquier persona que te rodea, y que no tienen que ver con funciones, roles, géneros u orientaciones sexuales, sino con fuerzas sutiles que nos brindan dirección y nos facilitan potencias de creación cuando las entendemos y vivimos como partes esenciales de quienes somos.

Te conectas al hombre-montaña cuando dejas de confundir lo masculino con la masculinidad, porque entiendes que la masculinidad es solo una idea sobre cómo puedes aplicar a tu vida el principio masculino que hay en ti. El hombre-montaña comprende que hay tantas ideas de masculinidad como hombres hay en el mundo, así que sabe que no tiene sentido que haya 4 000 millones de hombres persiguiendo una misma idea hegemónica, rígida e inflexible sobre "ser hombre", basada en la dominación, el control y el sometimiento de lo que los rodea, empezando por sí mismos.

El hombre-montaña comprende que hay un principio masculino en todos nosotros y en todas ellas, y que la forma de bajar esa fuerza a nuestras vidas cotidianas es la elección y responsabilidad de cada uno, pues lo contrario es dejar ese poder en manos de ideas de otras personas o estereotipos de género colectivos, los cuales desdibujan y caricaturizan arquetipos universales como el cazador y la recolectora, que son formas universales y atemporales que nos muestran posibilidades de aplicar en nuestra cotidianidad los principios masculino y femenino.

Por eso el hombre-montaña te pide cuestionar tus preconcepciones y sesgos para dejar de vivir nuestras identidades en dualidad y empezar a vivirlas desde la complementariedad, entendiendo que hombres y mujeres somos al mismo tiempo el masculino y el femenino, independientemente de nuestra identidad de género. Esto significa trascender los estereotipos y darnos cuenta de que podemos ser a la vez cazadores y recolectores, decididos y compasivos, proveedores y cuidadores, fuertes y nutridores.

El hombre-montaña te invita a observar, cultivar y sostener en ti capacidades que no solo son humanas, sino también extrapolables a las montañas y que, por lo tanto, no entienden de género.

- **Cultivar naturalezas.** Las montañas nutren y dan cobijo a múltiples reinos naturales. El hombre-montaña representa la importancia de cuidar, cultivar y honrar nuestra unión con ese gran territorio mayor que todos, personas humanas y resto de seres, habitamos: nuestro planeta.
- **Perspectiva de alta montaña.** Escalar una montaña nos permite ver prácticamente cualquier cosa desde una perspectiva más amplia, incluidos nuestros problemas cotidianos. De igual forma, este arquetipo te enseña que subir hasta la cima de nuestros sesgos nos ayuda también a entender otras perspectivas diferentes y darnos cuenta de que eso que llamamos "verdad" es solo nuestra particular y limitada forma, la de cada uno, de percibir y decodificar nuestras vivencias.
- **La vida como *partner*.** Al igual que las montañas nos muestran cada día su solidez frente a las fuerzas de la naturaleza, este arquetipo te propone entender tu fortaleza como la capacidad de observar todo lo que has hecho en tu vida como una entidad propia que juega en equipo contigo. Este arquetipo te hace ver tu vida como una compañera de juego que te otorga fortaleza y te permite hacer frente a las adversidades que has atravesado o puedes atravesar.
- **Estabilidad que permanece.** Como las montañas, físicamente estables, el hombre-montaña repre-

senta la idea de permanencia que nos inspira a encontrar nuestra estabilidad en las diferentes áreas de nuestras vidas y en distintas circunstancias.

- **Paciencia atemporal.** Este arquetipo te permite observar cómo las montañas han existido durante millones de años y darte cuenta de que seguirán aquí cuando nos vayamos. Un cambio lento en comparación con nuestra vida, que nos inspira a cultivar la paciencia y la capacidad de sostener el paso del tiempo.
- **Silencio contemplativo.** En un mundo repleto de ruido, el hombre-montaña nos plantea que es necesario sembrar nuestros propios espacios internos de reflexión para posibilitar la contemplación de nuestros pensamientos, sentires y acciones. Trabajar con el hombre-montaña te permitirá examinar con mayor sosiego todo lo que acontece.

El hombre-montaña simboliza la capacidad de sostener la vida que crece en y a través de ti, cada vez que honras e integras tu masculino y tu femenino. Este arquetipo representa la comunión de la solidez y la flexibilidad, la conexión con la tierra, la fortaleza ante los desafíos y la generosidad para brindar apoyo a quienes nos rodean, con el objetivo de lograr una convivencia armoniosa de todas aquellas personas, humanas y no humanas, con las que compartimos territorio.

Acción necesaria para activar al hombre-montaña

Elige una actividad que te hubiese gustado hacer pero que hayas considerado como femenina y por eso la hayas descartado. Si no tienes ninguna, piensa en una. Proponte practicarla una vez por semana y, semana a semana, tómate el tiempo necesario hasta lograr desenvolverte con soltura en ella.

Acción superior para activar al hombre-montaña

Piensa en una montaña a la que siempre te hubiese gustado ir o que te gustaría visitar más a menudo. Esta montaña puede estar muy cerca de donde vives o no, solo ten en cuenta que esta acción te implicará visitar esa montaña al menos una vez al año para presentarte ante ella como el hombre-montaña y hacerle una ofrenda.

Las veces que vayas, irás a dejarle flores y, cuando llegues a lo más alto que te permita la montaña, las dejarás allí y te tomarás unos minutos para presentarte ante ella como el hombre-montaña, honrarla y agradecerle en voz alta el hecho de permitirte conectar con tu energía femenina y masculina de una forma fluida, sólida y armoniosa.

8

El hombre-viento

Capacidad que habilita:
Cuidar del cambio

Narrativa estereotipada que transforma:
"No seas progre"

Una reciente interpretación que hizo la investigadora Alice Evans, especialista en el tema y *visiting fellow* en la Universidad de Stanford, concluyó que la generación Z en realidad son dos generaciones y no una.[43]

Según el estudio, los hombres de esa generación se muestran sorprendentemente conservadores, mientras que las mujeres tienden a ser progresistas.

Esta conclusión rompe con uno de los patrones mejor establecidos para medir la opinión pública, según el cual cada generación tiende a moverse como una sola en términos políticos e ideológicos generales.

Lo interesante e inquietante de estos resultados es que se alinean, además, con una tendencia mundial que marca una brecha ideológica entre hombres y mujeres jóve-

---

43 J. Burn-Murdoch, "A new global gender divide is emerging", *Financial Times*, 26 de enero de 2024.

nes de diferentes países de todos los continentes, en la que millones de personas con estilos de vida potencialmente similares y que comparten ciudades, clases y lugares de trabajo están totalmente polarizados.

Según datos de Gallup, en Estados Unidos esta brecha es significativa porque muestra a mujeres jóvenes de 18 a 30 años que son 30 puntos porcentuales más liberales que sus contrapartes masculinas, una división que se ha desarrollado rápidamente en solo seis años.

Tendencias similares se observan en países europeos como Alemania y Reino Unido, y esta escisión se muestra aún más pronunciada en países como Corea del Sur y China, lo cual indica que se trata de un fenómeno global.

En Corea del Sur, la disparidad en la opinión política y social entre hombres y mujeres jóvenes ha contribuido a una fisura social, y sirve como advertencia sobre lo que puede suceder cuando hombres y mujeres jóvenes se distancian de forma radical.

En África, Túnez muestra el mismo patrón: la polarización entre la generación más joven es mucho más pronunciada allí entre hombres y mujeres de 30 años.

Según la investigación, el movimiento #MeToo se identifica como el catalizador de este fenómeno, resonando de manera diferente entre hombres y mujeres. En lo que respecta a las mujeres, destaca especialmente el surgimiento de valores feministas entre las mujeres jóvenes que se atrevieron a denunciar injusticias históricamente presentes en sus países.

Sería fácil pensar que esta separación entre géneros es una fase transitoria, sin embargo todo apunta a que las brechas ideológicas llegaron para quedarse. Los datos muestran que, siete años después de la explosión del #MeToo, la divergencia de género entre hombres y mujeres se ha sostenido, con diferencias ideológicas que se están arraigando más allá de los problemas de género, a temas políticos y sociales más amplios.

Por ejemplo, en países como Reino Unido y Alemania, las mujeres jóvenes ahora adoptan posiciones mucho más liberales sobre la inmigración y la justicia racial que los hombres jóvenes, mientras que los grupos de edad más avanzada permanecen emparejados.

Este fenómeno se ha amplificado de forma exponencial por la tecnología y el desarrollo de algoritmos que refuerzan nuestras "verdades" o percepción del mundo, y premian un *engagement* en redes sociales basado en potenciar el desencuentro y la polarización, en aras de generar "conversación", *shares* y alcance.

El resultado tangible de todo esto son hombres y mujeres jóvenes cada vez más creyentes de su "verdad", como si fuera la única forma de ver el mundo válida y posible, y menos dispuestos a dialogar entre sí para encontrar posibles puntos de transformación y avance conjuntos.[44]

En definitiva, si, como nos solemos repetir generación tras generación fallida, el futuro de la humanidad son nuestros jóvenes, este futuro parece apuntar a una sociedad que comparte espacios físicos, pero no está dispuesta a verse ni a dialogar entre sí para cuestionar, en conjunto,

---

44 *Idem.*

patrones de conducta y brechas de género que nos conciernen a todos, para llegar a posibles soluciones en beneficio de todas las personas.

Hombres conservadores y mujeres progresistas

Se supone que encontrar soluciones para un mundo más justo es lo que pretendemos lograr cuando hablamos de inclusión, diversidad e igualdad de oportunidades.

Sin embargo, lo que parece que se está forjando son formas de entender la cultura desde posiciones cada vez más segregadas y peligrosamente más polarizadas, donde, si eres hombre, tienes que defender tu hombría desde lo conservador, y, si eres mujer, tienes que encajar con la etiqueta de progresista. Formas de "ser hombre" y "ser mujer" que te posicionan como género, dándote un sentido de pertenencia basado en el antagonismo o en el desprecio hacia el otro género, y que se van tornando una especie de nuevos estereotipos sociales acordes a los tiempos que vivimos.

Resulta como mínimo paradójico que los mecanismos que hemos accionado para luchar por la igualdad y el cierre de brechas y discriminaciones estén dando como resultado y reforzando nuevos estereotipos de género.

Por eso te invito a ver las siguientes páginas como una especie de temporal de huracanes. Poderosas corrientes de aire que no vienen del norte o del sur, de izquierdas o derechas, de lugares "conservadores" o "progres", sino que se originan desde lo más elevado y a la vez más profundo de ti: tu capacidad de acceder a puntos de vista e ideas que van más allá de lo dual y que, aun pareciendo antagónicos, pueden convivir, forjando nuevas formas de percibir el mundo que estén por encima de cualquier "verdad" cuyo único resultado posible sea el distanciamiento y la polarización social.

El objetivo de este capítulo es permitir que ese viento mueva ese aire que son nuestras ideas y pensamientos, ayudándonos a entender que seguir pensando en términos de etiquetas del tipo "progres" y "conservadores", asociadas al género que sea, lo único que logra es encerrarnos a todos en formas rígidas de entendimiento, las cuales hacen aún más difícil transitar este momento de transformación cultural tan retador que todos y todas estamos viviendo.

Casi el 100% de los hombres en España cree que la igualdad es crucial para una sociedad justa

En la última encuesta del CIS en 2023, el Centro de Investigaciones Sociológicas español incluyó preguntas relacionadas con la consecución de la igualdad y el cierre de brechas, y lo resultados son tan desconcertantes como esperanzadores.

Según el CIS, el 96% de los hombres encuestados considera que la igualdad es crucial para alcanzar una sociedad justa; en concreto, un 74.1% está "muy de acuerdo" con esta afirmación y el 21.9% está "bastante de acuerdo".

Esta estadística reta la idea de que la lucha por la igualdad es percibida negativamente por la mayoría masculina. El dato resulta aún más significativo si consideramos que, incluso entre los votantes de partidos conservadores y de extrema derecha, la mayoría apoya la igualdad de género. No obstante, cuando se habla de feminismo en lugar de igualdad, los resultados de la misma encuesta muestran que un 44% de los hombres españoles se sienten atacados por los avances feministas en la sociedad.

Los más reacios son los jóvenes. De los que tienen entre 16 y 24 años, el 51.8% considera que "se ha llegado tan lejos en la promoción de la igualdad de las mujeres" y que ahora se los está discriminando a ellos.

Los resultados de la encuesta también muestran que, al menos discursivamente, en general los hombres sí se sienten conscientes de su poder transformador. Un 74.2 % cree que "las mujeres no lograrán la igualdad a menos que los hombres luchen" con ellas. Entre ellos, de los de 16 a 24 años, un 69.2% está de acuerdo o bastante de acuerdo con esta premisa, frente al 29.1% de los que están en contra. Es decir, que incluso en el tramo de hombres más jóvenes, donde se sitúan las posturas más antifeministas de la encuesta, hay una conciencia de la importancia de su rol en la consecución de la igualdad.

Estas estadísticas nos permiten observar al menos tres perspectivas interesantes:

1. Al preguntarles por la importancia y la necesidad de la igualdad entre géneros, la gran mayoría de hombres encuestados están de acuerdo, independientemente de su ideología política.

2. Al hablar de feminismo en lugar de igualdad, casi la mitad de la población masculina está en desacuerdo con la politización que, consideran, se ha hecho del movimiento feminista.

3. La tendencia mundial de polarización entre la generación Z se mantiene también en España, donde los jóvenes varones de entre 16 y 24 años muestran las respuestas con mayor postura antifeminista.

En definitiva, si bien una abrumadora mayoría de los hombres encuestados reconoce y está a favor de la importancia y necesidad de la lucha por la igualdad, y esta mayoría incluye a hombres de izquierda, pero también a encuestados de partidos conservadores y de extrema derecha, resultados como estos pueden ser también una gran oportunidad para repensar mejores formas de acercar la problemática a la población masculina e involucrarlos mejor, así como dimensionar la polarización de la sociedad más joven en España, la percepción que casi la mitad de la población masculina tiene en torno a la politización de los feminismos por parte de los partidos políticos y el impacto que puede acarrear esto en el medio y corto plazo para un efectivo cierre de brechas.

- ¿Cuál crees que sería el resultado si esta encuesta se hiciera en Latinoamérica?
- ¿Te sientes de alguna manera interpelado por estos resultados? Si es que sí, ¿de qué forma?
- ¿Observas diferencias en la división de roles y responsabilidades entre mujeres y hombres en tu entorno familiar o laboral?

- ¿Crees que la educación y la sensibilización sobre cómo pueden impactar los estereotipos y roles de género son importantes para romper con discriminaciones entre hombres y mujeres desde edades tempranas?
- ¿Consideras que puede haber estereotipos de género arraigados en la sociedad que afectan la igualdad de oportunidades entre hombres y mujeres?
- ¿Piensas que es necesario que se pongan en marcha políticas y medidas específicas para promover la igualdad de género en tu país o comunidad?
- ¿Consideras que los partidos políticos intentan sacar provecho de la lucha por la igualdad y el movimiento feminista?

Cambio de aires

Es probable que hayas escuchado o incluso dicho alguna vez la expresión "cambiar de aires", asociada a hacer algún cambio importante en algún aspecto de tu vida con el objetivo de mejorarla.

Esta frase surge de la prescripción que, ante una afección, antiguamente los médicos les hacían a sus pacientes: cambiar de ubicación o residencia por un lapso, pues se pensaba que la mayoría de las enfermedades se transmitían por el aire y, apartarse de cierto ambiente, mejoraría también el estado de salud del paciente.

Hoy sabemos que influyen otros muchos factores para la propagación de enfermedades; sin embargo, en el pasado se tenía la idea de que gran parte de estas surgían de forma espontánea. Así, desde Aristóteles hasta Descartes, muchas mentes brillantes postularon a la generación espontánea como la hipótesis sobre el origen de la vida, que explicaba cómo algunos organismos podían surgir "de repente" a partir de materia orgánica, inorgánica o una combinación de ambas.

No fue hasta mediados del siglo XIX cuando el químico, matemático y bacteriólogo Luis Pasteur postuló otra idea llamada ley de la biogénesis, la cual establecía que todo ser vivo, incluidos los microbios, tenían su origen en otro ser vivo ya existente, por ejemplo, los microorganismos, lo que demostraba definitivamente que la línea de pensamiento de la generación espontánea carecía de sustento.

Como en el ejemplo anterior, y por suerte para el conjunto de la humanidad, las ideas que conforman nuestro pensamiento y dan origen al conocimiento de nuestra especie también pueden ser cuestionadas. Avanzamos como sociedades en la medida en la que somos capaces de replantear ideas y pensamientos propios y ajenos, que resultan transformadores porque devienen en nuevos planteamientos que nos permiten movernos hacia delante, en lugar de mantenernos caminando en círculos y encerrados en historias y resultados que se repiten.

En un contexto tan polarizado como el que estamos viviendo, con generaciones de hombres y mujeres jóvenes que no se pueden ver y que crecen aferrados a sus ideas como si estas fuesen las únicas válidas y verdaderas, es necesario cuestionar también si el desencuentro que estamos obteniendo como resultado de este enfrentamiento es lo más funcional, si es lo que más nos favorece para cerrar la brechas y las discriminaciones que vivimos como humanidad.

Para cambiar de aires y tener una sociedad con interacciones y relaciones más sanas para todos, necesitamos también aires de cambio. Ideas y planteamientos que nos ayuden a ver lo que no somos capaces de percibir y replantear lo que no nos funciona como sociedad.

Al igual que Pasteur cuestionó el pensamiento establecido de la generación espontánea, y llegó así hasta la penicilina, demostrando que era más funcional porque mejoraba vidas, nos conviene plantear si la forma actual en la que se está intentando involucrar a millones de hombres y mujeres en pro de la lucha por la igualdad es la idónea.

Esto significa evaluar si los resultados que estamos obteniendo son funcionales y permiten un trabajo en conjunto, de cooperación, corresponsabilidad y colaboración entre géneros, o si lo que estamos logrando es seguir alimentando narrativas disfuncionales, generadoras de nuevos estereotipos de género, catalizadores de enfrentamiento, radicalización y más polarización social entre hombres y mujeres.

Aires de cambio

¿De dónde vienen los pensamientos que tenemos? ¿De la mente? ¿Del inconsciente colectivo? ¿Del universo? ¿De otros humanos? ¿De todo eso al mismo tiempo? ¿O tal vez de rincones de los que ni siquiera pensamos que esos pensamientos puedan provenir?

Nuestras diferencias de pensamiento son el aire que nos permite actuar distinto para cambiar aquello que no nos deja avanzar en conjunto.

Muchas de las grandes tradiciones de sabiduría de la humanidad consideran que la humanidad es parte de un Todo que nos nutre y alimenta gracias a las diferencias entre el agua, el aire, el fuego y la tierra. Es decir, esas cosmovisiones ancestrales consideran que los cuatro elementos tienen por sí mismos una conciencia y conocimientos que, al ser diversos, son complementarios y posibilitan nuestras vidas.

Como los otros tres elementos, el aire está considerado un ser vivo y consciente, y es el que marca el comienzo y el fin de nuestra existencia, a través de nuestra primera respiración al nacer y nuestro último aliento al trascender.

Aunque el aire representa solo el 6% de la composición elemental de nuestro cuerpo, es el elemento más dinámico en términos de la transacción que ocurre segundo a segundo y minuto a minuto.

El aire de nuestra respiración marca el ritmo de nuestra vida, y, en función de cómo respiremos, podemos tranquilizarnos, estresarnos o incluso enfermarnos. La falta de aire simplemente nos asfixia y, a no ser que estés entrenado, aguantar sin oxígeno más de dos minutos puede acabar con tu vida. No solo qué tipo de aire respiramos es importante, sino la forma en que respiramos, porque hay un constante intercambio de aire dentro y fuera del cual no somos conscientes.

En los mundos simbólicos, el aire se asocia a nuestro cuerpo mental y representa las ideas y las formas de pensamiento que tenemos, así como el conocimiento acumulado de toda la humanidad y nuestra capacidad de comunicar. Desde esta visión, el aire se asocia al punto cardinal este, relacionado a la comunicación, y también al norte, vinculado al mundo del pensamiento, de las ideas y del espíritu. Por lo tanto, el aire comprende la unión del norte y del este, porque pensamiento y comunicación van de la mano.

Por otro lado, los sonidos que emitimos por nuestra boca y a los que llamamos palabras son aire vibrando. Nuestra capacidad de comunicar verbalmente no es más que la combinación de sonido y movimiento, aire que se expande y se contrae y da lugar a cada palabra que emitimos y que, en su conjunto, conforman los límites y posibilidades de nuestra realidad individual.

A una escala macro, el Big Bang, esa gran explosión que dio origen al universo, y por lo tanto posibilitó nuestra vida, también es en esencia un sonido (explosión) y un movimiento (expansión) cuyos ecos y efectos aún perduran.

El aire es tan poderoso que nos permite de forma inmediata conectar con todas las cosas al mismo tiempo, a través de nuestra capacidad de tener pensamientos que vuelan e ideas que tú y yo podemos tener a la misma vez, estando incluso en lugares separados.

Nuestra capacidad para pensar, tener ideas y comunicarnos es el aire que nos permite compartir la esencia de quienes somos con otros y expandirnos, a su vez, a través de sus pensamientos e ideas, con lo cual vencemos no solo las barreras del tiempo y el espacio, sino también las de nuestros prejuicios, sesgos y preconcepciones.

Somos personas-viento, y como sociedades seguiremos caminando en círculos repitiendo los mismos errores de nuestra historia colectiva hasta que seamos capaces de permitirnos mover nuestros pensamientos e ideas y dejar que nos cambien como el aire que son y que nos conforma.

El hombre-viento, invocador del cambio

El hombre-viento es el arquetipo que habilita nuestra capacidad para cuestionar ideas que ya no nos sirven, tanto a nivel individual como colectivo, así como para desafiar pensamientos que no son funcionales o beneficiosos para la sociedad.

Este arquetipo simboliza nuestra facultad de observar, entender y potenciar aquello que es útil para que haya una expansión armónica de las relaciones. Al mismo tiempo, el hombre-viento tiene la capacidad de detectar y disputar patrones de pensamiento colectivo que producen o reproducen interacciones disfuncionales cuyo resultado es la repetición cíclica de las mismas asimetrías sociales que han estado presentes a lo largo de la historia de la humanidad.

Trabajar con el hombre-viento nos permite encontrar puntos de encuentro con personas cuyas formas de pensar pueden parecer antagónicas, demostrando así la complementariedad de los supuestos opuestos y ayudando a otros a entender que, gracias a la divergencia de pensamiento, se logran escenarios que no habían sido imaginados y que resultan funcionales para todos.

El hombre-viento no solo nos ayuda a transformar ideas y pensamientos, sino que también nos hace más conscientes de que saber escuchar otras formas de entender el mundo es permitirnos seguir afinando nuestra capacidad de cuestionar y desafiar aquello que nos hemos propuesto transformar.

Te conectas con este arquetipo cuando ejercitas tu habilidad para pensar de manera creativa y divergente, y aprendes a comunicar tus ideas de manera precisa y convincente. Pones en práctica al hombre-viento cada vez que conviertes tus ideas en acciones tangibles que movilizan a otras personas hacia un objetivo común de transformación colectiva.

Accionar al hombre-viento implica entender el poder transformador que tienen las ideas para influir y transformar el pensamiento del mundo que te rodea. Estas son las capacidades que el hombre-viento te ayuda a habilitar en tu día a día:

- **Invocar el cambio.** A través de este arquetipo puedes adoptar formas distintas de pensar y actuar, y trabajar en tu capacidad para comunicarlas de una manera relevante que sea capaz de expresar el poder transformador de esas ideas.
- **Ejercitar la divergencia.** El hombre-viento te invita a estar abierto y receptivo a escuchar ideas y enfoques distintos a los tuyos, y te propone entender que explorar nuevas perspectivas y considerar diferentes puntos de vista que puedan desafiar tus creencias establecidas es entrenar tu capacidad para cuestionar aquellas ideas que tal vez te impiden avanzar.

- **Encontrar alternativas.** Este arquetipo habilita nuestra capacidad de cuestionar ideas que no son funcionales, planteando alternativas y soluciones creativas que no dejen las objeciones en una simple crítica sin fundamento. El hombre-viento te lleva a generar nuevas perspectivas y atreverte a proponer enfoques que puedan abordar los desafíos de manera más efectiva.

- **Medir la efectividad de tus propias creencias.** El hombre-viento propone cuestionar tus propias creencias con base en la observación de la efectividad de las supuestas mejoras que producen en tu vida. Creer más en algo no te hace más sabio, solo más creyente, por lo que, si tu creencia no mejora tu vida de forma tangible y concreta, considera cambiar de creencia.

- **Cuestionar sin confrontar.** Trabajar con este arquetipo facilita conversaciones significativas que te permitan a ti y a otras personas expresar distintos puntos de vista y presentar ideas de manera respetuosa y no confrontativa, con el objetivo de entender las necesidades e intereses que están detrás de los planteamientos de las personas que te rodean.

El hombre-viento simboliza la capacidad humana de transformar ideas y pensamientos en acciones significativas, capaces de hacer progresar el pensamiento colectivo.

Te invito a conectar con esa parte de ti, ávida de escuchar los aires de cambio, y atreverte a impulsar el tuyo propio a través del cuestionamiento de etiquetas de género y nuevos estereotipos que, en esencia, nos siguen impidiendo levantar el vuelo y elevarnos como el aire, parte esencial de quienes somos.

Acción necesaria para activar al hombre-viento

Durante las próximas 48 horas, cada vez que quieras confrontar una idea u opinión ajenas, oblígate a proponer una alternativa a eso que estás a punto de cuestionar. Hacerlo te ayudará a afinar tu pensamiento, así como hablar de forma más precisa de aquello que quieres cuestionar sin caer en la impulsividad y la reacción de opinar por opinar, sin sustento.

Acción superior para activar al hombre-viento

Este fin de semana encuentra un lugar ventoso y dedícate a escuchar al viento. Escucha atentamente y con los ojos cerrados, anota todo lo que te diga el viento (o crees que escuchas) e intenta mantener una conversación con él en la que también le preguntes cosas que quieras saber.

Si no encuentras o no puedes ir a un lugar con viento, puedes estar atento a cualquier corriente de aire que notes y aprovecharla para hacer este ejercicio. También puedes encontrar en YouTube alguna grabación del viento, escucharla y llevar a cabo el mismo ejercicio.

Conclusión

Los hombres posmacho alfa

Capacidad que habilita:
Establecer relaciones con base al cuidado

Narrativa estereotipada que transforma:
Separación hombre-naturaleza

Me atrevo a decir que la crisis existencial que atravesamos como especie humana tiene su origen en una crisis de cuidados basada en la desconexión entre lo humano y lo no humano; o para ser más concretos, en una ausencia de relaciones de cuidado entre el género masculino y el resto de territorios personales, sociales y naturales. Hemos desnaturalizado dichos territorios para habitar y vemos como meros recursos aprovechables para nuestro "desarrollo" en aras de un "progreso" que en realidad es un maltrato sistémico y sistemático hacia el resto de seres vivos con los que compartimos este territorio o cuerpo mayor llamado planeta.

En esencia, eso que llamamos *naturaleza*, y eso a lo que llamamos *cultura* son conceptos que seguimos viendo y entendiendo como antagónicos. El primero es percibido, tratado y utilizado como un mero recurso de producción de materiales, mas no de conocimiento. El segundo es dimensionado como la única forma válida de generar saber y comprender el mundo.

En mi trayectoria como defensor de los derechos humanos y medioambientales, al entrenar inteligencias humanas y ahora artificiales para generar más conciencia, me relaciono con líderes y empresas que de manera consciente o no, quieren conectarse a un propósito. De forma recurrente, detrás de ese deseo hay una falta de sentido de vida, cuyo denominador común es la desconexión entre lo humano y la naturaleza. Esta desconexión ha sido provocada por una separación entre la cultura y todo lo que forma parte de otro tipo de saberes que de forma sistemática relegamos al estatus de mitos o creencias populares de personas no educadas o incivilizadas.

Como sugiere Nate Hagens, director del Instituto para el Estudio de la Energía y Nuestro Futuro, seguir en este *business as usual* en el que estamos inmersos y al que llamamos progreso nos está llevando a un colapso inevitable, cuyo devenir es una dolorosa y obligada simplificación a lo grande de los estilos de vida que tenemos, en la que el objetivo prioritario será empezar a regenerar los ecosistemas naturales de los que depende nuestro sistema financiero.

A este contexto de retos mayúsculos que estamos atravesando como sociedades y como planeta, se le conoce también como *metacrisis* —término adoptado por Daniel Schmachtenberger, fundador de The Consilience Project— por ser una sucesión de diferentes crisis planetarias ambientales, sociales, culturales, económicas y tecnológicas, todas ellas interconectadas en el momento presente. En esta metacrisis, parece que la única certeza es que nos va a tocar desacelerar y reinventar de raíz las formas que tenemos los humanos de producir saber, y de relacionarnos entre nosotros y con el resto de los territorios personales, sociales y naturales que nos rodean.

Estoy plenamente convencido de que el futuro no es sólo tecnológico, sino también ancestral. Por ello, incorporar a nuestro conocimiento los saberes que contienen nuestros territorios naturales y las cosmovisiones que históricamente hemos marginado o directamente exterminado nos permitirá expandir de forma exponencial los marcos de producción de saber occidentales, para construir nuevas y mejores formas de relacionarnos entre nosotros mismos como especie, así como con todo aquello que ya estaba aquí antes de que llegáramos, y con todas las nuevas formas de inteligencia artificial que estamos creando y que son un punto de inflexión en la historia de la humanidad.

Lograr estas nuevas formas de relacionamiento implica, primero, un reenfoque de nuestro sentido de vida y propósito —que está conectado con la transformación de narrativas globales, como la del antropoceno, con la Revolución Industrial del siglo XIX como momento clave en que se produjo la gran aceleración humana y el despegue de un sistema económico que transformó por completo los sistemas sociales y los ecosistemas del planeta.

Ésa es la razón por la que decidí escribir este libro y crear los ocho arquetipos que lo componen y a los que he llamado *posmacho alfa*. Estos arquetipos representan una serie de visiones y posibilidades para mí y para todos aquellos hombres que queremos vivir de otra forma, una que nos permita ejercer relaciones de cuidado personal, social y ambiental para contribuir en lo micro a cambiar esta realidad macro, eminentemente androcentrista y tan estereotipada como destructiva, que ya he analizado con amplitud en los capítulos anteriores.

Si algo tienen en común estos ocho arquetipos ancestro futuristas, es que han sido pensados desde saberes del pasado para inspirar nuevas lógicas de relacionamiento futuro, que te ayuden a conectar de forma concreta con el cuidado en su más amplio espectro, en este contexto de transformación sin precedentes del cual formamos parte.

Cada uno de los ocho arquetipos que te propongo en este libro te invitan a cuestionar la idea del macho alfa, muy conocida y arraigada en la cultura popular, pero basada en una concepción errónea de entendimiento de la naturaleza, donde supuestamente los machos lobos dominan a otros por medio de la fuerza. Esto fue ampliamente estudiado por el Dr. David Mech, quien en principio acuñó el concepto de *machos alfa*, pero con el paso del tiempo él mismo desmintió, pues reconoció que, al estudiar más el comportamiento de las manadas de lobos, se dio cuenta de que la jerarquía surge cuando una pareja se reproduce y no cuando un espécimen se intenta imponer a otros usando la fuerza.

De esa misma forma, pero trasladada a un plano cultural, los ocho arquetipos de este libro te invitan a cuestionar la noción dominante de que nuestra vida y nuestra realidad sólo pueden ser reveladas a través de la imposición de los paradigmas normativos preexistentes (políltica, ciencia, economía, religión) que conforman la cultura, a expensas de otras formas de conocimiento y entendimiento de la vida.

Estos ocho arquetipos son mi invitación a que observes que la tensión existente entre naturaleza y cultura son un elemento fundacional de nuestra era moderna que, desde una perspectiva occidental —para ser más específico, del ser humano hombre occidental—, sigue relegando cualquier forma de saber no normativo al estatus de creencias culturales o de mitos de personas incultas o incivilizadas, y que sugiere la primacía de un sistema de conocimiento al que llamamos cultura, como la única fuente verdadera de entendimiento del mundo que habitamos.

Te invito a que veas estos arquetipos como una especie de máscaras de teatro o personajes que puedes probarte con total confianza para amplificar tu voz interna. Pueden ayudarte a encontrar esas otras formas de actuar y de relacionarte contigo, y con el resto de personas humanas y no humanas con las que compartimos este gran anfiteatro llamado planeta.

Muchos de esos habitantes ya estaban aquí antes que nosotros. Hablo de los ríos, montañas, árboles, plantas, minerales, cuerpos de agua, animales y el resto de los reinos, a los que continuamos viendo como simples "recursos" u objetos disponibles para volverse propiedad humana y aptos para comercializar e impulsar nuestro progreso.

Desde que tengo uso de razón siento, pienso y digo que los derechos humanos se quedan muy cortos cuando empezamos a entender el derecho a existir de todo lo que nos rodea. Nos la pasamos hablando de derechos humanos, pero ¿qué pasa con los derechos de los territorios que habitamos?, ¿qué pasa con los animales, montañas, ríos o cualquier otra persona no humana con quienes los compartimos?

Personas humanas y personas no humanas

Como ya he comentado, la tensión entre cultura y naturaleza es una categoría dualista a partir de la cual construimos nuestro relacionamiento cotidiano. Es un elemento casi fundacional de nuestra era que está basado en la separación entre lo humano y todo lo demás. Esto limita y distorsiona nuestra visión y capacidad de relacionamiento con el mundo que nos rodea, no sólo con las personas humanas, sino con lo que hoy jurídicamente ya podemos denominar *personas no humanas*.

Para algunos autores, como el filósofo australiano Peter Singer, el concepto de *persona no humana* se fundamenta en la noción de sufrimiento. Para Singer, independientemente de la naturaleza de un ser, el principio de igualdad exige que su sufrimiento sea valorado de igual forma que el sufrimiento de otro ser.

Esta idea ha resonado a lo largo de la historia entre pensadores como Plutarco, Séneca o San Agustín, quienes defendían que todo ser humano, por el hecho de ser personas con capacidad de razonamiento, tienen también el deber de ejercer un papel de protección hacia los más indefensos, incluidas otras especies.

El término *persona* proviene del latín *personae* o *personare*, que originalmente se refería a la máscara usada por el actor para representar un papel. En la antigua Roma —punto de partida de la familia jurídica romano germánica y de la que bebe el derecho occidental—, la costumbre de usar una máscara para ampliar el alcance de la voz en el teatro fue una práctica que dejó una huella y un impacto significativos en la forma de relacionarnos como humanos con el mundo que nos rodea, pues con el tiempo *persona* trascendió el teatro y comenzó a definir un rol dentro de la sociedad.

Sin embargo, en épocas romanas no todos los individuos eran considerados personas, pues este término estaba estrechamente vinculado al estatus social y jurídico. La persona era aquella con derechos, facultades y obligaciones en el marco legal de la época.

Desde entonces, el concepto de persona ha ido evolucionando, adoptando significados jurídicos específicos que van reflejando la complejidad social de cada periodo histórico. A su vez, el derecho se ha centrado en crear normas y establecer ordenamientos jurídicos que beneficien al sujeto de derechos: el ser humano.

No obstante, a medida que las sociedades se han ido transformando, el derecho también lo ha ido haciendo, como un reflejo de la complejidad de las relaciones sociales a las que el propio derecho ha ido regulando, adaptando y ampliando sus normativas no solo para las personas humanas.

A partir del siglo xx, la visión androcentrista y antropocéntrica del derecho empezó a perder fuerza y nuevas corrientes filosóficas y jurídicas comenzaron a proponer que los derechos no deberían limitarse sólo a personas humanas, sino que también podrían pertenecer a otras especies por el simple hecho de existir en el mundo.

Estas ideas fueron las que impulsaron la Declaración Universal de los Derechos de los Animales, proclamada en París en 1978. En la actualidad existen normas y decisiones judiciales, por ejemplo, en Colombia, India o Nueva Zelanda, que asignan derechos a la naturaleza; la más relevante es la constitución de Ecuador que desde 2008 incorpora a la naturaleza como sujeto de derechos.

Estamos frente a una expansión jurídica, en la que cada vez más jueces en diversas jurisdicciones reconocen derechos a favor de personas no humanas, basándose en conceptos como la libertad, la protección y la dignidad para justificar sus decisiones. Esto refleja una tendencia evolutiva de narrativas hacia un sistema más inclusivo, en la que el concepto de persona se sigue transformando para abarcar nuevas formas de responsabilidad ética y una coexistencia y relacionamiento más consciente entre lo humano y lo no humano.

En definitiva, si antes no todos los seres humanos eran considerados personas, hoy estamos ante un nuevo reto: extender esa calidad más allá de la humanidad, al servicio de una noción de justicia mucho más amplia, donde la evolución social y ambiental esté atravesada por una capacidad de transformación tecnológica como nunca antes habíamos visto, y que pide a gritos regulaciones jurídicas y éticas que aún están por darse.

El impacto de empezar a hablar de personas no humanas también como sujetos de derecho abre un debate que va más allá de lo conceptual y toca los cimientos más profundos sobre los que hemos eregido nuestra forma de entendimiento y relacionamiento con el mundo. Esto nos permite normalizar otro tipo de relaciones, con todo lo que habita también en nuestros contextos, basadas no sólo en el intelecto humano y su capacidad para crear "cultura" —entendida como la única forma válida de comprender y relacionarnos con el mundo— y generar desarrollo y progreso.

Para lograr estas nuevas formas de relacionamiento es necesario que pongamos a conversar el conocimiento humano o aquello que consideramos "válido", es decir, las fuentes "verdaderas" de conocimiento del mundo —históricamente estandarizado en formas de producir saber adoptadas de la religión, la política, la economía o la ciencia— con los saberes locales y ancestrales, que son los que realmente dimensionan, conocen y comprenden la sabiduría que contienen los propios territorios que habitamos y las personas no humanas que también los conforman.

Necesitamos otras narrativas, mejores y más creativas, que sean capaces de ayudarnos a crear relaciones más simétricas e interdependientes entre lo humano y las personas no humanas, para evolucionar las formas en las que todavía seguimos produciendo eso que llamamos conocimiento y que moldea la manera dualista de separación —entre lo humano de lo no humano, lo biológico y lo geológico, la ciencia y la espiritualidad, el cuerpo y la mente, la cultura y la naturaleza— en la que los humanos actuamos y experimentamos el mundo.

Bienvenidos a la era del cuidado

Esta metacrisis en la que estamos inmersos tiene que ver, en esencia, con la idea de que los seres humanos, y específicamente los hombres, somos los únicos que tenemos derecho a ser porque somos los únicos con valor intrínseco. Desde esta premisa hemos establecido y seguimos sosteniendo devastadoras relaciones asimétricas de poder que nos han llevado donde estamos.

Sólo hay dos momentos en la historia del planeta que pueden ofrecernos una idea de lo que está sucediendo hoy. Uno es el final de la era paleozoica, hace 220 millones de años, cuando el 90% de las especies vivas se extinguió. El otro es el cierre de la era mesozoica, hace 65 millones de años, otro periodo marcado por una extinción masiva.

En respuesta a esta metacrisis sin precedentes a la que nos enfrentamos como personas y como planeta, el teólogo y geólogo Thomas Berry propuso una nueva posibilidad histórica. Junto a Brian Swimme, astrofísico y director del Centro para la Historia del Universo del Instituto de Estudios Integrales de California, Berry planteó la llegada de un nuevo tiempo al que llamó *la era ecozoica*.

Las palabras tienen el poder de generar historias que conforman narrativas con la suficiente fuerza y poder para construir, sostener o destruir realidades. Así, mientras el término *ecológico* se refiere a la comprensión de la interacción de las cosas, lo *ecozoico* tiene una connotación más biológica, que dimensiona el funcionamiento integral de los sistemas de vida gracias a sus relaciones mutuamente interdependientes y potenciadoras.

Para mí, lo ecozoico está intrínsecamente ligado a las distintas formas del cuidado. Por eso, a estos nuevos tiempos donde conviven la metacrisis y la posibilidad de lo ecozoico, yo los denomino *la era del cuidado*. Me refiero a este espacio temporal en el que nos toca reinventarnos como humanos para lograr reconectarnos dentro de una comunidad y sociedad más amplia que la humana, que cubra relaciones sociales que en realidad siempre han sido multiespecie y que tienen como base el cuidado. El objetivo: coproducir nuevos y mejores protocolos de relacionamiento entre todos quienes habitamos este planeta.

Como especie, nosotros los humanos existimos gracias a estas relaciones de cuidado e interdependencia con los bosques, los desiertos, los sistemas de agua y el resto de especies animales, vegetales y minerales. Estas especies no están allí para ser representadas, controladas y ni siquiera protegidas como si fuesen partes separadas, sino que también son personas no humanas, sujetos de derecho con los que nos toca aprender a generar y sostener relaciones de interdependencia y de cuidado mutuo.

Este nuevo escenario en el que ya hemos entrado implica que los seres humanos, y sobre todo los hombres, aprendamos nuevamente a vivir, esta vez estableciendo relaciones de cuidado con nosotros mismos, con quienes nos rodean y con el planeta, porque todo lo que está vivo se acuna en ese principio de mutua reciprocidad.

Los ocho arquetipos que conforman este libro son visiones propias de otro tipo de hombres de una nueva era, la del cuidado, y conforman una nueva narrativa que propongo para describir un posible futuro de transformación de nuestras formas de relacionarnos con todo lo vivo de cara a esta metacrisis o sucesión de crisis planetarias interconectadas del presente.

En plena revolución tecnológica, esta era del cuidado nos pone por delante la gran oportunidad de empezar a interactuar con otro tipo de inteligencias que siempre han coexistido con nosotros en el planeta, para aprender a establecer otro tipo de relacionamientos con lo no humano, que nos ayudarán también a sentar precedentes más claros y definidos que permitan regular el próximo nivel de interacciones entre la inteligencia humana y la inteligencia artificial.

Si te resuenan las visiones que te acerco en este libro, te invito a poner en práctica los ocho arquetipos que te propongo. Compártelos con otros hombres y personas de tu entorno.

Sé parte del *posmacho alfa*, esta nueva especie de hombres de la era del cuidado.

Esta obra se terminó de imprimir
en el mes de enero de 2025,
en los talleres de Grafimex Impresores S.A. de C.V.,
Ciudad de México.